资源型城市生态调控
——机理、过程与模式

张 萌 著

中国纺织出版社

内 容 提 要

现在许多资源型城市面临矿竭城衰和生态破坏的局面，如何突破复杂的困局，实现低碳转型成为其可持续发展的关键。本书遵循现状剖析—机理研究—仿真模拟—政策建议的技术路线，从调查研究资源型城市的发展特征和碳排放现状出发，剖析资源型城市低碳转型的影响因素及其作用机制，进行系统动力学仿真，然后构建评价体系，并对双目标约束下的低碳转型情景进行预测，在此基础上提出资源型城市生态调控对策。

图书在版编目(CIP)数据

资源型城市生态调控：机理、过程与模式 / 张萌著. — 北京：中国纺织出版社，2018.11（2025.1重印）
ISBN 978-7-5180-5724-5

Ⅰ.①资… Ⅱ.①张… Ⅲ.①城市经济—转型经济—经济可持续发展—研究—中国 Ⅳ.①F299.21

中国版本图书馆CIP数据核字（2018）第270673号

责任编辑：史岩　　责任校对：楼旭红　　责任印制：储志伟

中国纺织出版社有限公司出版发行
地址：北京市朝阳区百子湾东里A407号楼　邮政编码：100124
销售电话：010—67004422　传真：010—87155801
http://www.c-textilep.com
E-mail：faxing@c-textilep.com
中国纺织出版社天猫旗舰店
官方微博 http://weibo.com/2119887771
三河市悦鑫印务有限公司印刷　各地新华书店经销
2018年11月第1版　2025年1月第2次印刷
开本：787×1092　1/16　印张：9.25
字数：213千字　定价：68.00元

凡购本书，如有缺页、倒页、脱页，由本社图书营销中心调换

前　言

在城市快速发展的过程中，自然资源的约束、环境承载能力的限制、人民福利改善的滞后等因素严重制约了城市的发展，城市迫切需要向可持续、低碳、绿色和人与自然和谐发展的方向转型。特别是以自然资源开采、加工为主导产业的城市——资源型城市。资源型城市作为基础能源和重要原材料的供应地，为我国经济社会发展做出了突出贡献，但资源型城市发展的同时也必将面临生态环境的严峻考验。如何对资源型城市进行生态调控，实现资源城市的可持续发展，是今后亟待解决的一个重要的问题。

唐山以钢铁、煤炭、陶瓷、电力、建材、机械、化工等行业为主要支柱产业，伴随城市建设、重化工业和采矿业快速发展，给全市生态环境造成了一定的负面影响。城市污水和工业废气、废水、废渣的排放和堆积，造成了水质、大气、土地、地质等环境的污染和破坏。

本书首先从阐明城市发展、资源型城市发展以及生态调控的理论入手，基于可持续发展理论制定了我国资源型城市分类体系，选取112个资源型城市作为研究样本，研究运用极差法对各个指标数据进行了初步的规范化处理，消除各指标数据之间的量纲不统一引起的不可比性；运用可持续发展理论，以可持续性和协调性为切入点，在经济、社会、环境三个维度上，建立资源型城市可持续发展评价指标体系，并运用多情境分析的方法，消除指标权重误差导致的评价结果偏差；结合可持续性及协调性的评价结果，将资源型城市分为：新生型、成熟型、衰退型、再生型，并结合资源型城市生命周期理论，研究资源型城市演替的主要驱动力，针对处于不同时期的资源型城市，提出不同的生态调控策略，并对我国资源型城市的可持续发展提出指导和建议。

其次，在资源型城市分类结果的基础之上，以唐山市为例，进行了土地利用变化和景观格局变化的研究。本书以三期唐山市LANDSAT-7 TM遥感影像（1990年、2000年和2010年）及最新1∶10000彩色地形图为原始数据，对唐山市1990年、2000年、2010年的LANDSAT-7 TM遥感影像处理与解译，结合唐山市土地利用特点，采用二级分类方法进行分类，基于唐山市土地一级类型解译标志对唐山市预处理后的三期TM影像执行监督分类，然后重新进行彩色定义，得到土地利用/覆被分类专题图，对土地利用现状信息和景观格局信息进行提取，并以此为基础利用土地利用/覆被转移矩阵等数学模型，同时对唐山市进行了野外生态调查，结合实际分析了唐山市1990~2010年间的土地利用/覆被变化和景观格局演变过程的规律、特点。

在获取土地利用和景观格局数据之后，本书基于生态足迹理论和生态承载力理论，建立了生态压力、生态占有率、生态—经济协调性和生态可持续性4个指数，构建了生态承载力评价模型。并利用唐山市资源、生态环境和社会经济复合的多源基础数据库，分析计算1990~2010年期间唐山市生态足迹、生态承载力及生态可持续的动态变化。该模型不仅诠释了生态足迹和生态承载力理论，并且为其加入了社会维度和经济维度，使其更加符合"问题导向性"原则；同时，该模型将生态足迹与能源足迹、碳足迹相结合，以更全面的角度来分析城市系统的构成，精确定位资源型城市存在的问题，以期为资源型城市的生态调控策略研究提供理论基础和技术支持。

在此基础之上，本书开展了基于城乡梯度的生态系统服务评价。在空间尺度上，本书基于城市行政区划、城市不透水层、城市通勤辐射理论，将唐山市划分为城市核心区、郊区、农区三个子系统；时间尺度上，结合所得土地利用变化数据，得到城市核心区、郊区、农区三个子系统在1990~2010年期间相对应的土地利用变化数据；运用生态系统服务理论和人类福祉理论，建立起以"供给服务—调控服务—文化服务"为主体的生态系统服务指标体系，同时选取了8个与城市生态系统服务紧密相关的指标，利用多情境分析的方法，在时空尺度上对唐山市生态系统服务变化进行分析，根据分析结果进行讨论并提出针对性的建议。

在探明唐山市生态系统服务及生态承载力变化的机制基础之上，我们采用InVEST模型对生态系统服务进行价值估算，采用$30m \times 30m$分辨率数据核算了研究区内11种生态系统服务，包括3种支持服务（生境质量、净初级生产力、植被覆盖度），3种供给服务（产水能力、作物生产、肉类生产），4种调节服务（氮元素净化、磷元素净化、碳储量、土壤保持），1种一级文化服务（城市绿地空间可达度）。

此外，本书利用1990年、2000年和2010年三期土地利用数据，对研究区2020年土地利用的空间变化格局进行模拟，并对三次土地利用模拟结果计算其Kappa指数，通过利用不同年份数据区模拟同一年份的土地利用空间格局来验证模拟结果的可靠性；终点针对唐山市可能的情境发展模式，构建四种不同情境，对唐山市2020年土地利用空间分布格局变化进行模拟，以期为唐山市生态调控工作提供参考依据和决策支持。

研究结果表明：

（1）我国资源型城市可划分为新生型、成熟型、衰退型、再生型资源型城市四种类型，其演替的主要驱动力为资源开采强度及资源利用率。其中新生型、成熟型、衰退型、再生型资源型城市的可持续性呈现递增趋势，而按照协调性从大到小的顺序，则依次为再生型、新生型、成熟型、衰退型资源型城市。针对资源型城市在各个阶段所呈现的问题，提出具体解决方案，以促进资源型城市平稳地向再生型过渡，实现资源型城市的可持续发展。

（2）唐山市生态系统服务呈现明显的城乡梯度，表现为农区＞郊区＞城市核心区，然而具体的特定的生态系统服务时，这种梯度可能呈现逆向梯度，如文化服务。城市不透水层所带来的生态系统服务丧失，是城市核心区生态系统服务下降的最主要原因，城市化进程中不合理的土地规划，是造成时空尺度上生态系统服务下降的最主要驱动力。

（3）唐山市在1990~2010年期间能源足迹增量及增长速率均为最大，唐山市矿区和海岸带不合理的开发和利用，是造成生态承载力下降的最主要原因。与此同时，唐山市在环渤海一体化中扮演的角色，决定了其能源输出城市的功能定位，因此相对应的能源补偿、生态补偿政策应及时制定并实施，局部城市的生态失调会导致区域可持续性的下降，并带来更为严重的生态环境问题。

（4）基于1990~2000年和2000~2010年模拟区间的参数调整和模型检验，证实CLUE-S模型适用于唐山市土地利用变化模拟；基于InVEST模型的生态系统服务估值也很好地模拟了唐山市城市化带来的生态系统服务价值波动。在此基础之上，本书构建的2011~2020年土地利用变化的4种不同目标情境，基本实现了情境设定的预想。其中情境三、四中实现了大片耕地的退耕还林、还草，其模拟结果，可以识别出适宜退耕还林还草的区域，对唐山市生态调控具有指导作用。而根据不同情境模拟后的土地利用特征对唐山市的生态系统服务价值进行重新估值，并确定最优化生态调控策略，对我国资源型城市的可持续发展具有深远意义。

张 萌

2018.8

目 录

第一章 引 言 ... 1
第一节 城市发展及其生态困境 ... 1
第二节 资源型城市发展 ... 6
第三节 资源型城市生态调控 ... 17

第二章 资源型城市分类研究 ... 54
第一节 资源型城市分类体系的构建 ... 54
第二节 资源型城市分类指标 ... 56
第三节 资源型城市分类结果 ... 64

第三章 唐山市土地利用及景观格局变化研究 ... 67
第一节 唐山市概况 ... 67
第二节 研究方法 ... 74
第三节 研究结果 ... 88

第四章 唐山市生态承载力时空变化 ... 90
第一节 研究区域和方法 ... 90
第二节 研究结果 ... 92

第五章 唐山市生态系统服务时空变化 ... 96
第一节 研究方法 ... 96
第二节 研究结果 ... 99
第三节 研究结果 ... 104

第六章 唐山市生态调控过程研究 ... 113
第一节 研究方法 ... 113

第二节 结果与讨论 ·· 116

第七章　资源型城市生态调控策略研究 ·· 119
　　第一节　资源型城市生态调控的原则与途径 ···································· 119
　　第二节　基于生命周期理论的生态调控策略研究 ······························ 125
　　第三节　基于资源属性的生态调控策略研究 ···································· 128

参考文献 ·· 132

第一章 引 言

第一节 城市发展及其生态困境

一、城市的发展

（一）城市的定义

从我国文字的字义来看，城是一种防御性的构筑物，如城墙、万里长城；市是做买卖即交易的场所，如菜市场、肉市场等。不过，仅仅只有防御功能的墙垣并不是城市，仅仅是市集也不能称其为城市。只有两者相互结合，并体现密集的人口、兴旺的工商业和发达的文化，才具备了城市的含义。从本质上看，城市应该是有着商业交换职能的居民点的总称，是人类社会文明与进步的结晶。

列宁曾经指出："城市是经济、政治和人民精神生活的中心。"在此，他强调了城市的人为作用。确实如此，在世界上几乎每个国家，城市都是作为政治、经济、科技、文化和社会信息的中心，作为现代工业和人口集中的地方，而在各国经济和社会发展中发挥着相当重要的作用。

拉采尔则侧重于城市的生态学基本要素，他于1963年对城市下了这样的定义："城市是指地处交通便利的环境、占据一定地域面积的密集的人群和建筑设施的集合体。"也就是说，密集的人口与为之行走服务的交通和为之居住的建筑设施构成了城市。

我国学者马世骏和王如松（1984）把城市视为一类社会—经济—自然复合生态系统，认为："城市的自然及物理组分是其赖以生存的基础，城市各部门的经济活动和代谢过程是城市生存和发展的活力与命脉，而人的社会行为和文化观念则是城市演替与进化的动力泵。"概括地说，城市是人创造出来的人工生态系统，人口密集，经济和社会活动集中，并有大量的废弃物排放出来。

总之，现代城市的含义，主要包括三方面的基本要素：常住人口数量、产业结构与商业，以及行政的意义。基于人口数量和产业结构来看，我国曾于1955年规定市县人民政府的所在地，常住人口大于2000人，非农业人口超过50%以上，即为城市型居民点。工矿点常住人口如不足2000人，在1000人以上，非农业人口超过75%，也可定为城市型居民点。城市型居民点，按其行政区划的意义，可以有直辖市、市和镇等。尽管不同的国家有不同的划分内容和方法，但总体上还是基本一致的。

（二）城市的形成和发展

城市是社会生产力发展到一定阶段，在劳动分工加深、生产关系改变和生产产品有了剩余的前提下，逐渐由农业居民点（村或庄）转化而来的人类集中活动的区域单元。因而，在城市发展的早期，城市就具有手工业和商业的职能。在那个时代，人口比较集中的地方，主要的居住者是手工业者、商人、奴隶主、贵族和官吏等。可以说，城市是生产力发展和人类第二次劳动大分工的产物。我国是世界上城市起源较早的国家之一，早在5000多年前，我们的祖先就在黄河流域建立了商城、殷墟、洛邑及成周等京城。从发掘出来的3000多年前的商朝都城废墟可以看出，"城周围有砖砌的城垣，城市有宫室、门庭、庙宇等大大小小的土木工程""到处可看到密布的铜的冶炼场、铜的作坊、石工作坊和兵器作坊等遗址"。不过，当时的城市虽然有冶炼业和作坊，但生产规模小、生产能力低，所消耗的原料和燃料都不多，产生的废弃物量不大。又据《周礼·考工》记载，"匠人营国，方几里，旁三门。国中九经九纬，左祖右社，面朝后市，市朝一夫。"由此，能看出当时的城市景观及基本风貌，城市规模虽不大，但已有道路网的配置以及各种初见规模的功能分区。到战国时期，中原大地有城市数十座，并且出现了临淄那样"车毂击，人肩摩，连衽成帷，举袂成幕，挥汗成雨"的繁华城市。

早在奴隶社会，在世界上其他一些文明古国，也出现了一批著名的城市。据有关资料记载，公元前2000年以前，世界上最大的城市要算古罗马，人口数万，城市工程建设相当宏伟，反映了当时城市发展的状况和水平。

然而，由于当时城市的规模并不是很大，城市的各种社会、经济尤其是生态问题并没有明显暴露出来，因而没有涉及到今天特别热门的有关城市可持续发展的话题。

（三）城市化趋势

工业革命初期，世界上号称百万人口的城市还只有英国的首都伦敦，它是当时工业和科学技术荟萃的中心。那时，全世界的城镇人口总数也只有2930万人，占当时世界总人口的3%。

资本主义工业革命的突起，引起了生产力和生产关系的极大的变革，城市化的步伐不断加快。到了1850年，世界城镇人口已上升至8080万人，占世界总人口的6.4%；1900年上升至2.244亿人，占世界总人口的13.4%；1950年又上升至7.121亿人，占到世界总人口的28.6%；1980年又增至40%，在许多区域（如澳大利亚、美国、加拿大）几乎达到75%。可见，城市化的迅速发展还是20世纪以来的事情。其中，工业革命发源地英国，在20世纪初，其城市人口占总人口的比重就已经增至75%。资本主义发展较早的美国，到了20世纪20年代，其城市人口占总人口的比重也达到了50%。

现代城市化进程的重要特点是中等城市（居民在10万人以上）和大城市（居民在100万人以上）的增多以及特大城市（居民在1000万人以上）的出现。在20世纪初，超过10万人的城市仅有360座；至20世纪中期，已近1000座；到了1975年，已超过2000座。1900年，全世界人口超过100万人的城市总共有10座，1955年为61座，60年代初期为102座，70年代中期达到180座，1985年增至270座。目前，纽约、墨西哥、东京、上海、洛杉矶、北京等城市的人口已超过1000万人。

特别是由于工业生产和工业资本不断集中，规模越来越大，出现了工业的畸形发展，致使有些相近的工业城市或工商业区还逐渐相连成片，形成"大工（商）业地带"。例如，在美国大西洋沿岸的纽约、波士顿等城市，随着工业生产和工业资本的日益集中，城市规模越来越大，形成了以费城、巴尔的摩、华盛顿、纽约、波士顿等相连成片的"大工业地带"，人口达3700万人之多，面积达53500km^2，这个地带拥有美国全部制造工业的70%，集中了全国人口的40%。又如，在不到1%的日本国土上，形成了连绵不断的以东京、名古屋、大阪和神户等大城市为主体的方圆达50km的"大工商业地带"，居住着6000多万名居民，占日本总人口的32%。再如，德国的经济中枢鲁尔地区，由于集中了炼钢、重型机器制造和各种武器生产工业等，尽管面积只有其总面积的1/7，却集中了埃森、多特蒙德、贝库母和杜塞尔多夫等大城市，拥有1700万人口，相当于全国人口的28%。

中国人民共和国成立以来，随着工商业的发展，我国也迅速开始了城市化的过程。1949年至1983年，我国城镇人口由5765万人增至24126万人，增加了32倍；城镇人口比重从1949年的10.6%增长到1983年的23.5%；城市规模也不断扩大，城市用地逐年增加。例如，北京市城市用地从1950年的139km^{2}扩大到1983年的394km^2，增加了1.8倍。1949年，全国仅有136座城市，2016年底，全国城市发展到663座，城镇常住人口达8亿人。

总之，随着工业和经济的发展，世界各地的城市化发展都极为迅速。

二、城市发展中的生态困境

国内外许多城市都集中了过多的现代工业、生产设备和运输工具以及很多人在有限空间的高度集中，在相对较小的区域内消耗了大量的物质和能量、排出大量的废弃物，自然环境的人类负荷过大，远远超过了城市环境的自净能力，环境污染日益严重，对周围的社会—经济生态系统的胁迫也日益加强，使城市发展陷入了生态困境，具体表现在以下几个方面。

（一）现代工业大城市是独特的生物地球化学省

过于密集的工业生产和人类活动，产生了许多对人体健康有不良影响的有毒元素和污染物质，并且浓度很高。例如，有色冶金工业往往释放大量的Pb、Zn、Cu、Cd、Ag、Se、F和Mo等重金属元素；黑色冶金工业则逸出大量的Mn、Ni、Sb和V等有害元素；染料以及印染工业有Zn、Sb、Cd、Pb和Cu等污染元素的排放。技术成因的地球化学异常场非常显著：大的有色金属冶炼厂的周围半径达到50km左右甚至更大，焦炭化学工厂周围半径为15km，不大的中央热电站的周围半径也达到8km。也就是说，受城市工业影响的区域不仅仅局限于城市中，它还包括城市以外的周围地区，具体表现为居住在城市及其周围地区居民的健康受到了危害。对美国28个城市的调查表明，这些城市的心脏病、动脉硬化、高血压、慢性肾炎、中枢神经系统疾病以及呼吸系统的癌症患病率，与大气环境中诸如Cd、Zn、Pb、Cr等重金属元素的浓度显著相关。20世纪70年代于日本城市爆发的"水俣病"，就是重金属Hg的危害所致。

（二）城市大气质量日益恶化

具体表现为供人类呼吸的氧气缺乏，CO_2较丰富，并含有许多技术成因的混合物，首先是汽车尾气，包括CO、NOx、碳氢化合物以及它们相互作用的产物——光化学氧化物、Pb、Cl、P和氧化硫。城市大气污染源主要有：工业、交通和热电厂的矿物燃料燃烧。另据报道，世界每年约有2.3亿吨的CO排入到城市大气中，大致占总毒气量的1/3。汽车多的美国和日本，几乎达到1/2，成为城市大气中数量最大的毒气。由于汽车数量的急剧增加，光化学烟雾的污染迅速加剧。在伦敦、巴黎、布鲁塞尔、东京、洛杉矶、纽约、芝加哥、底特律、新奥尔良、墨西哥、安卡拉，光化学烟雾甚至成了这些大城市的象征。在这些大城市中，浓密有毒的空气常常贴近城市地面好多天，刺激人的眼睛，引起红眼病，损害植物，腐蚀物品，并降低大气能见度，进而影响交通安全。另外，城市大气中的尘埃有很大的增加：正常条件下远离城市处的土壤表面降尘，一昼夜为5~15kg/km^2，而在城市可达到200~1500kg/km^2。例如，在法国巴黎，年降尘量为260t/km^2；在纽约，年降尘量为300t/km^2。降尘的主要危害是引起呼吸道疾病。例如，烟尘中的飞灰，可通过呼吸进入人体肺泡深处并沉积下来，进而引发肺气肿等疾病。

（三）城市的气候与周围地区有重大差异

首先表现为城市的空气循环和交换比较缓慢，城市中的建筑物群、工厂、沥青路面等地面结构导热性能很好，在夏天易受阳光加热而形成"热岛"气候。据世界20多个城市的统计表明，城市的年平均气温比郊区高出0.3~1.8℃。城市"热岛"气候促使周围地区的冷空气向城市中汇流，从而将郊区工厂的烟尘和城市扩散到郊区的污染物重新聚集到城市上空，加重了城市的大气污染。在气候炎热的地区，"热岛"效应使夏季的城市更加酷暑难当，影响工作效率和居民的身体健康。相反，在干燥的冬天，由于城市上空的大气的总悬浮颗粒物增加，太阳辐射总量急剧降低，导致阴天、有雾的日数不断增多，同时，城市的紫外辐射也相应减少，造成病原微生物在空气中繁殖，对人体健康产生不良影响。此外，城市地面构筑物排水良好，蒸发量大为减少，因而城市中的相对湿度较周围地区要低。据报道，在欧洲的一些城市中，空气湿度往往比郊区低4%~6%（夏季减少8%~10%），形成"干岛"气候。

（四）许多城市遭受缺水之苦

这不仅与城市供水水源的发展跟不上城市快速发展有关，而且与水源污染的日益严重有密切联系。在世界上，一些城市由于严重缺水，为了满足工农业用水的需要，家庭用水只得在早晨和晚间供给。除了城市供水外，城市的污水也是令人困扰的问题。现代城市中污水污染水体造成的恶果，是由其所含的多种多样的污染物所造成的。在这些多种多样的污染物中，以重金属和难降解的有机物最为危险，其他如病原微生物、需氧有机物、植物营养素、碱、酸、氰、酚以及由于使用能源所产生的油、热和放射性物质等污染物的危害也日益令人关注。

（五）城市垃圾以及工业与城市建筑工程等排出的固体废弃物

这些固体废弃物的主要危害是破坏城市景观，污染水体和空气，损害人体健康，占用城市土地，影响城市交通。城市固体废弃物若不加处理就排出，也会对土壤造成污染，在被污染的土壤中还会造成对水体（地表水和地下水）、大气以及生物体的二次污染。目前，对城市固体废弃物的处置主要是卫生填埋、焚烧或抛入水圈，但这些方法往往造成二次污染的问题。而且，作为卫生填埋场地的空间选择日益困难。因此从长远来看，无论怎样的填埋场、过滤场和净化设施，都不能最终解决这个问题。只有对固体废弃物进行连续再加工和循环利用，才能使城市居民摆脱来自固体废弃物日益增加的威胁。此外，城市垃圾和家养宠物（特别是狗）及禽类（如鸽子和乌鸦等）粪便的清扫是一个大问题。例如，每年从纽约街道清除 700 万吨废弃物，从东京街道清除 450 万吨废弃物，从伦敦街道清除 300 万吨废弃物。这方面的开支是相当大的，虽然已经采取了各种措施对垃圾进行清除和加工，但生活和工业废弃物对城市的污染仍然日益严重。

（六）城市交通常常处于混乱状态，车祸层出不穷

交通运输在所有城市的自然、社会心理和经济方面都是大城市的特殊问题，特别在早、晚上下班集中的时间内，有上万人、几十万人，甚至上百万人在复杂交错的道路上活动，而且活动的距离随城市的扩大而越来越远，导致公共运输"高峰"时刻的自然负荷和社会心理负担日益加重。由于地面运输尤其是私人汽车运输增多，道路面积的扩建赶不上汽车数量的增加，主要交通线的运输速度因而减小，负荷增大，交通堵塞，使整个旅程延长、耗费的时间增多，车多堵塞，车速不能充分发挥出来，有时甚至比步行还慢。

（七）城市噪声污染加剧

工厂生产、建筑工地的施工以及日常生活和社会活动中，也常有很大的噪声振动。飞机噪声虽然影响面不广，但却很强烈，尤其是近代超音速飞机所造成的轰隆声，不但噪声大，而且还会损害建筑物。近十年来，在美国和德国的一些大城市中，环境噪声增加了约 10dB 甚至更多，目前仍然未见有减弱的趋势。

（八）城市住房奇缺

"房荒"不仅发生在美国，在其他国家也都不同程度地存在。城市贫民居住的条件极其恶劣，住房十分拥挤，并且常常与工厂混杂，居住环境受到了严重的污染。据资料记载，在英国伦敦，甚至全城平均 8 人才摊到一处住处，18% 的居民还住在人口过多的住房内；在日本，有 423 万个中小工厂，几乎都在商业区和居住区中夹杂着。不仅如此，一些发达国家因城市中心区的严重污染和拥挤的交通，富人纷纷迁往郊区居住，商业和服务业也随之迁出，导致了城市中心区的衰退，这也是一个值得注意的社会问题和生态问题。

（九）城市用地日益紧张

这一方面使得城市绿地日益减少，另一方面则导致城市以"外延占地盘式"畸形发展，造成城市土地利用不合理，城市建筑用地系数不高，浪费极大。据报道，一些大城市的人均绿地面积相当少，按人均来计，纽约仅为 $8.6m^2$，伦敦仅为 $7.5m^2$，巴黎仅为 $6m^2$。

（十）城市的环境从整体上来说越来越不利于人的健康

因为，居住在城市里的人们，整天呼吸着受污染的空气，常常吃着经过各种加工和添加了化学品的食物，饮用经化学消毒的自来水或深层矿化度较高的地下水，又受到噪声的干扰，再加上紧张的城市生活节律，所有这些都对人体健康构成了严重的威胁。据日本专家调查，劳动一日后恢复体力所需的时间，绿色地带比城市环境至少要少60%。在俄罗斯，目前城市传染病发病率总指数超过农村居民的1倍多。城市化还改变了居民的疾病病谱。在高度工业化与城市化发达的国家，流行性疾病和肿瘤已居于死因的首位；而那些城市化程度低的发展中国家，传染性疾病仍然是造成死亡的第一位原因。

总之，城市作为复合生态系统，是由人占主体的复杂生态系统，人的因素加入使得城市生态系统在很多方面有别于自然生态系统，诸如气候、土壤、水文、物种组成、种群动态、能量和物质流动等。城市作为一种典型的新型生态实体（ecological entity），具有全新的复杂性与组织性，并具有有别于其他生态系统的新生特征（emergent phenomena）。城市系统的管理必须研究和理解城市人口与城市生态过程的联结机制，并对其动态和演变加以调控，因为这些变化作为城市系统的内在特征，城市生态系统对这些变化的反应与适应能力是保证城市可持续性的关键（阿尔伯蒂、马尔兹鲁夫，2004；约翰·马尔兹鲁夫，2008）。随着城市化与工业化过程快速推进，如何保证城市社会经济系统、资源环境系统与自然生命支持系统关系协调稳定也必然成为中国区域、国家尺度可持续发展的关键。

第二节 资源型城市发展

一、资源型城市概述

（一）资源

资源是一切可被人类开发和利用的物质、能量和信息的总称，它广泛地存在于自然界和人类社会中，是一种自然存在物，能够给人类带来财富。资源有狭义和广义之分。狭义的资源指自然资源，一般指天然存在的自然物，包括土地、矿产、森林资源、水、生物和海洋等资源，尤其是在工业进程中对资源型城市发展起主导地位的矿产资源和森林资源，既包括煤、石油、天然气、地热等能量矿产资源，铜、铁、铬、锰、锡等金属矿产资源，也包括硫、磷、硼、盐类等非金属类矿产资源和森林资源。广义的资源不仅包括各种自然资源，还包括经济、人力、信息、科技、旅游和环境等资源。本书所指资源主要指狭义的资源，特别是不可再生资源。

（二）资源型产业

资源型产业可以界定为从事不可再生矿产资源和森林资源开发的产业，相当于国际标准产业分类的第二大项以及中国国民经济行业分类的B类，具体包括固体矿、液体矿和气体矿藏的开采,即煤炭采选业、石油和天然气开采业、黑色金属矿采选业、有色金属矿采选业、非金属矿采选业、其他矿采选业和木材、竹材采选业。

(三) 资源型城市的概念

资源型城市,也称"资源性城市"和"资源指向型城市"等。对于资源型城市的概念,理论界目前也没有形成一致意见,国内学者对于资源型城市从不同角度进行了界定,比较有代表性的有以下八个:

(1) 郑伯红认为,资源型城市是一种职能专门化的城市,主要是指那些依靠资源开发而发展起来,或者因为资源开发而重新焕发生机的城市。

(2) 张米尔、武春友认为,资源型城市是在工业化进程中,随着资源大规模开发过程而发展或兴建起来的特殊型城市。

(3) 赵景海认为,资源型城市是依托矿产资源、森林资源等自然资源,并以资源的开采和初级加工为支柱产业的具有专业性职能的城市类型。

(4) 王青云从发生学和功能学两个方面来界定资源型城市。从发生学角度看,资源型城市一定是因自然资源的开采而兴起或发展壮大的城市;从功能学角度来看,资源型城市一定要承担为国家输出资源性产品的功能。

(5) 张秀生、陈先勇认为,资源型城市的重要或主要功能是向社会提供资源型产品,如矿产品、初加工产品等。

(6) 樊杰认为,煤炭资源型城市的划分标准是煤炭产业在当地工业总产值中的比重大于或等于10%。

(7) 周长庆认为,资源型城市的划分标准是采掘或采伐工业产品在工业总产值中的比重达到了10%。

(8) 周一星认为,矿业从业人口比大于矿业从业人口比算术平均值和标准差的城市为矿业城市。

综合以上学者的观点,资源型城市的定义可以从发生学和功能学的角度来界定。从发生学的角度进行界定,资源对于该类型城市至关重要,其兴起或者发展壮大主要依赖于自然资源的开采和利用。如果从功能学的角度进行界定,则该类型城市的城市功能相对特殊,它们大多能够为社会或国家提供资源型产品而导致资源型产业在产业结构中占据主导地位。对上述标准进行综合,国家发展和改革委员会(以下简称国家发改委)对资源型城市进行了定义:资源型城市是指凭借自然资源的开采和开发而兴起或发展壮大起来的城市,在产业结构中,资源型产业地位突出,在工业中占有较大份额。这里所谓的自然资源主要以矿产资源为主,同时也包括森林资源、石油资源等;资源型产业含义较为广泛,不仅指矿产资源的开采开发,还包括矿产资源的进一步初级加工,如钢铁工业和冶金工业就是典型的矿产资源加工工业。从各种不同形式的定义中可以看出,成为资源型城市必须同时具备四个基本条件:①是一座城市;②城市是因不可再生资源的开发而形成或兴盛起来的;③城市要以该不可再生资源的开发或初级加工为主导产业;④城市的兴衰与该不可再生资源的开发密切相关,对该不可再生资源形成高度依赖。

（四）资源型城市的界定

20多年以来，对于资源型城市的界定标准一直是国内学术界的重要研究课题。胡魁对矿业城市的界定提出了标准，即满足下述之一者就可称为矿业城市：①地级行政区矿业产值大于1亿元，县级和镇级矿业产值大于4500万元；②矿业产值占国内生产总值的比重大于5%；③矿业从业人员大于6000人；④著名的老矿业城市、发展态势迅猛的新型矿业城市、统计数据明显接近的矿业城市，其数据虽然低于前三项指标，也予以特别保留。陈耀认为，煤炭资源型城市的界定标准是煤炭采选产业的总产值超过1亿元，并且煤炭采选产业占当地工业总产值的比重大于7%。王青云提出界定资源型城市的四个标准：①采掘业产值占工业总产值的比重在10%以上；②对县级行政单位来说采掘业产值应大于1亿元，对地（市）级行政单位来说应大于2亿元；③采掘业从业人员占全部从业人员的5%以上；④对县级行政单位来说，采掘业从业人员规模应超过1万人，对地级行政单位来说应超过2万人。一般同时满足以上四个指标才可确定为资源型城市。2002年，国家计委宏观经济研究院提出的资源型城市的界定标准包括四条，同时满足四条标准才能界定为资源型城市。分别是：①采掘业产值占工业总产值的比重大于10%；②采掘业产值的规模，县级市应在1亿元以上，地级市应在2亿元以上；③从事采掘业的人员占全部从业人员的比重应大于5%；④采掘业从业人员的规模，县级市应在1万人以上，地级市应在2万人以上。2004年8月，在"资源枯竭型城市经济转型与可持续发展研讨会"上，专家们提出衡量资源型城市的标准有两条：①资源型产业产值占工业产值的比重为5%~15%；②资源型产业从业人员占全部从业人员的比重为15%~30%。2010年高天明等综合国内学者研究成果，认为我国资源型城市的界定标准为：采掘业从业人口比重≥10%或矿业产值占GDP比重≥6%。

从上面的界定标准来看，资源型城市的界定标准主要有以下四点：

其一，产值依存度。产值依存度主要是指城市经济对某个产业的依存程度，可以用如下指标来反映：资源开采和加工业的增加值与国民生产总值（GDP）比值、工业增加值与国民生产总值（GDP）的比值以及资源开采和加工业的产值在工业总产值中的比重等。

其二，就业依存度。就业依存度主要用来衡量城市就业对某个产业的依存程度，具体的主要指标有：资源开采和加工业的就业人数在城市全部就业人数中的比重、资源开采和加工业的职工及家属的人数在整个城市人口中的比重。

其三，财政收入依存度。人们用财政收入依存度来衡量一个城市的全部财政收入与某一个产业的依存程度。财政收入依存度主要依据资源型产业提供的财政收入在城市全部财政收入中的比重大小来体现。

其四，城市产业集中化系数。一个城市的产业在城市的集中程度通常用城市产业集中化系数来表现，这一系数的大小反映为该产业的规模比重大于全国平均比重。系数大于1表明城市中这个产业的集中化和专业化程度处于全国平均水平之上，则该城市的主导产业就是以这个产业为主；如果一个城市的主导产业是资源型产业，那么这个城市可以归为资源型城市类型。

（五）资源型城市的特点

依据资源型城市发展的过程和产业结构，资源型城市的主要特点有：

第一，城市形成具有突发性。资源型城市的形成没有一般城市漫长的经济、文化等积累和准备的过程，只要存在丰富的资源开采和进一步加工，在政府政策、资金、技术和设备等物资的支持下，最长不超过几十年就能建设并完备一座资源型城市。但是我国资源型城市的发展长期受到计划经济的影响，使城市经济发展受到了一定的阻碍。

第二，资源的高度依赖性。资源型城市一般是在以矿产资源为主的采掘业的基础上发展起来的，因而经济发展具有严重依赖自然资源的特征，主要表现在两个方面：一是资源的存在性是工业和资源型城市得以发展的必要条件；二是矿产资源的储量、品质和禀赋直接影响着资源型城市主导企业的效益和生命周期，城市中的其他产业也都依附和服务于资源型产业。到开采后期，如不实施经济转型，则会出现"矿竭城衰"的局面。

第三，经济、产业结构具有单一性。资源型城市是依靠资源而兴起的城市，其经济发展对资源的依赖性较大，导致资源型产业在产业结构中所占比重较大，占有主导地位。因此，资源型城市产业结构较单一，主要集中在资源产业及与其相关产业，而对高新技术产业、服务业等低污染的行业投入较少，发展相对滞后；按照西方经济学"资源陷阱"理论，产业结构的单一性这一特点在资源型城市发展初期尤为突出。其产业结构中，第二产业比重较大，占据主导地位，产值通常可以占到GDP的60%左右，而第一产业、第三产业的发展却相对落后，不能形成第一产业、第二产业、第三产业协调发展的格局。产业的前向关联和后向关联比较弱，呈现投资规模大、周期长、产业链偏短、生产消耗高、产出水平低和经济效益差的特点。由于这种产业结构的单一化和低度化，以及协调性差、相关性低等特点，资源型城市的产业整体功能往往比较薄弱，城市的经济弹性和回旋能力低，加之资源的不可再生性以及资源开发受条件限制等诸多因素影响，随着资源枯竭或者主导产品的需求减少，资源型城市的这一特性严重制约了城市经济的可持续发展，同时给资源型城市转型带来了较多困难。

因为资源型城市的产业结构较为单一，城市就业结构也相对单一。第二产业的劳动力就业比例远高于一般城市水平，职工多集中在资源型产业相关行业中，据统计，煤炭型城市阜新、辽源、大同、鹤岗、淮南、淮北、萍乡、七台河、平顶山、铜川的煤炭开采和加工产业的从业人员几乎都占城市职工总数的1／3左右，石油型城市东营和大庆的石油行业从业人员占城市职工总数的比重分别为55%和25%，金属型城市铜陵和白银的采掘业和加工业从业人员平均约占城市职工总数的34%。大部分资源型产业从业人员属于简单劳动者，技能单一，文化程度相对低，不容易改行，一旦实施产业转型，城市就会面临巨大的失业压力。

第四，资源型城市的城市功能较弱。从历史和能源发展等方面来看，资源型城市长期处于一种"大企业，小政府"，企业与政府共同管理城市的状态。有些资源型城市是先有企业后有城市，城市长期受到企业的影响，企业的社会功能也不断扩大，企业经济与地方经济各自为政，缺乏协调性，从而导致资源型城市管理失衡，城市功能大大减弱。

同时，由于资源分布的特性，导致资源型城市的空间布局较松散，资源型城市的布局一般存在点多、线长、面广的特点，实际建成区比较小，不少资源型城市城内夹杂着良田、菜地等非城市景观，集聚度低。尤其是煤炭资源型城市，由于受到随矿建城模式的影响，形成了大分散、小集中、百里煤城、城乡交错的格局。城镇分散，布局失调，功能弱化的弊端日益显现，对城市功能的发挥影响较大。资源型城市对城市建设普遍重视不足，投入较少，造成了基础设施建设一般比较落后的状况。第三产业的发展滞后也使得城市服务功能不健全，造成城市的生产、生活和文化功能均不够完善，严重阻碍了城市经济社会的全方面发展。资源型城市只有努力提升城市的综合竞争力，才能在日趋激烈的竞争中取得优势，为城市的广阔发展做好准备。

第五，环境污染破坏严重，生态环境修复困难。资源型城市大多是以煤炭、石油、钢铁等资源的开采及深加工为主，其产业属于典型的工矿经济，在生产和加工过程中，排出大量对空气、水等自然资源具有破坏性的污染物，使生态环境日益恶劣，治理也较困难，这些问题给资源型城市转型带来了较大的制约性。城市的生存和发展过度依赖对自然资源的开采，而对自然资源的过度开采又加速了自然资源的枯竭，破坏了生态环境。资源的开发和利用对环境造成的伤害不仅是污染问题，更重要的是这种污染和破坏在很大的程度上是不可修复的。例如，资源开采过程中对地表植被的破坏引发的水土流失、矿产开采后尾矿废矿造成的堆积、对农田的占用和破坏以及地下水开采引发的土地"三化"问题等，这些问题对于环境的破坏将长期存在，很难恢复。任何地区的生态环境都自成一个循环系统，这个系统存在环境容量，也具有弹性系数，对一定范围内的开采开发活动具有自我修复能力，但这种容量和弹性是有限度的，超出了自然能够承载的量而不采取适当的治理和修复工作，必然会造成生态系统的崩溃，资源型城市在如何走可持续发展道路的问题上必须重视这一点。

第六，城市功能的双重属性。资源型城市作为生产力的一种空间存在形式，具有城市与基地的双重属性：它既具备一般城市的共同属性，即地区行政中心、经济中心、文化中心、交通中心和信息中心；又具有特殊属性，即一种或数种资源和产品优势，使资源型城市又成为国家的重要工业基地。

（六）资源型城市的作用

资源型城市的形成，也带动了经济的发展。中国人民共和国成立以来，我国众多的资源型城市在社会主义现代化建设中做出了重大贡献。资源型城市的作用主要表现在以下几个方面。

1. 提供了大量的矿物原料

1949年后，我国相继建立了克拉玛依、大庆等石油基地，大同、平顶山等煤炭基地，鞍山、攀枝花等钢铁基地，白银、金川等有色金属基地，从而形成了我国能源与原材料的强大供应系统。我国煤炭、钢铁、水泥产量居世界第一位，10种有色金属、石油、化工矿产品产量居世界前列。其中，这类城市还为国家提供了94%的煤炭、90%以上原油、80%以上的铁矿石、70%以上天然气。这充分说明，资源型城市已经成为我国矿物能源和原材料的主要供应地。

2. 增强了国家经济实力

资源型城市对我国的经济发展和社会稳定，对增强国家经济实力具有举足轻重的作用。例如，仅在1999年全国资源型城市国内生产总值达到30417亿元，占全国GDP的37.3%，人均GDP为9817元，相当于全国人均GDP的1.5倍。资源型城市以占全国24.7%的人口提供了37.7%的国内生产总值，这是一个很大的贡献。能源、原材料开采业和加工业总产值2895亿元，占当年全国工业总产值的81%，占当年全国GDP的3.5%，由于能源、原材料开采业和加工业的巨大后续效应，能源、原材料开采业和加工业产值及矿产品加工业产值约占GDP的30%。此外，资源型城市向国家缴纳了大量利税，为增强国家财力做出了重要贡献。

3. 促进了区域经济发展

资源型城市的兴起和发展，改善了我国的区域经济格局，在促进区域经济协调发展方面发挥了重要作用；资源型城市多分布在荒无人烟或人口稀少的穷乡僻壤，这些城市的发展和区域辐射带动作用，促进了当地的脱贫致富；资源型城市是一个区域物质财富、精神财富高度聚集的场所，是一个人、财、物聚集中心和市场中心，它所固有的辐射力、吸引力和综合服务能力，对区域经济和社会发展具有巨大的带动作用。目前，西部地区能源、原材料开采业和加工业产值占其工业产值的18%左右，青海、新疆两省（自治区）矿产总值的比重更是高达50%以上。

4. 提供了大量就业机会

资源型城市的兴起为社会提供了大量的就业机会。据统计，全国仅资源型城市中的能源、原材料开采业和加工业职工就约有800多万人。例如，甘肃嘉峪关，能源、原材料开采业和加工业人口占地区总人口的比重为70%左右；山西义马，能源、原材料开采业和加工业人口占地区总人口的比重为50%左右。由于资源型产业的发展带动与促进了矿产品加工工业和服务业的发展，为扩大整个社会就业做出了重要的贡献。全国资源型城市吸纳了大量就业人口，这对改善人民群众的物质文化生活、促进社会稳定发挥了重要的作用。

5. 加快了城市化进程

中国人民共和国成立之初，我国城市化水平还不高。随着一大批矿产地的发现和勘探开发成功，先后建立了大庆、包头、金昌、嘉峪关、克拉玛依、大同、淮南、淮北、阳泉、乌海、本溪、鞍山等众多的资源型城市，从而大大加快了我国的城市化进程。

资源型城市无论是过去、现在还是将来，在促进我国城市化进程方面都将起到积极的作用。

二、资源型城市发展

资源型产业是其城市经济系统的主要部分。由于英尼斯对加拿大的资源型城市在20世纪30年代的经济增长的开创性工作，许多研究人员继续和扩大他的工作在许多其他研究领域：吉尔和玛斯分别在 1987 年和 1990 年，从社会学和心理学角度分析了资源型城市中资源产业从业人员普遍存在的个人问题；哈尔塞斯改进了之前的研究方法，从社会从业角度对资源型城市存在的社会问题进行了全面研究；1987~1993 年期间，霍顿、杰克逊、帕克均从交通通勤领域入手，分析了资源型城市所带来的通勤辐射及交通破碎化问题；布拉德伯里等人首次以城市作为系统单元，提出了资源型城市生命周期理论；莎玛和瑞斯在 2007 年提出城市健康的概念，第一次对资源型城市进行了多维度综合研究；奥蒂于 1994 年提出资源诅咒假设学说，萨克斯和华纳在 2001 年时将这一假设进行了验证，提出资源型城市是城市化进程的制约因素；2009 年，潘尼将资源型城市发展与全球化进行了协同分析，进一步强调了资源型城市在城市化进程中的影响。近年来，随着可持续发展理论的提出、发展和完善，资源型城市的可持续发展问题逐渐成为研究热点，如何对处于或即将进入衰退阶段的资源型城市进行合理的规划、调控，使之成为人类宜居、环境友好、经济繁荣的健康城市，是当前资源型城市发展的重点和难点。

然而，与其他城市发展进程显著不同的是，资源型城市的发展在很大程度上取决于当地资源储备，并受限于本地资源储备。虽然大部分资源型城市具有较高的地区生产总值以及较高的居民收入水平，但它们过度依赖大量自然资源开采的发展模式，注定了其不可持续发展的前景。因此，资源型城市的转型、过渡是全世界长期关注的话题之一，特别是在城市化进程加速的 21 世纪，资源型城市的发展途径、调控方案、规划措施研究显得尤为重要。

（一）国外资源型城市发展

由于西方国家城市化起步较早，特别是在两次工业革命期间兴起的大批资源型城市，极大推动了西方发达国家城市化、工业化的进程。近两个世纪的发展历史为西方城市理论学家、城市规划学家、城市生态学家积累了大量的数据和宝贵的经验，许多资源型城市，如美国匹兹堡和德国鲁尔工业区，已经实现可持续发展的转型，为其他国家地区的学者提供了丰富的理论和技术。我们通过总结这些城市在转型过程中所采取的综合措施，将其成功实现可持续发展的基本要素总结如下。

1. 建设独立专业机构

对于资源型城市来说，城市转型并不是自然发生的，不能通过自我发展来实现，政府引导发挥着极为重要的作用，而且是资源型城市转型成功的前提。政府设立独立专业机构的作用不仅仅起到引导作用，而是在社会、经济、环境各个维度的过渡、转型过程中起到重要作用。在美国、英国、德国、法国、日本等发达国家的资源型城市转型过程中，这些独立专业的机构主要在城市整体规划、项目审批、财政援助等方面发挥职能。例如，法国政府在 1963 年成立了名为 DATAR（Délégation interministérielle à l'Aménagement du Territoire et à l'Attractivité Régionale）的专业机构，专门负责典型资源型地区洛林的经济过渡，并且在 1996 年又设立另一专业机构：APEILOR（Association pour l'expansion industrielle de la Lorraine），担负起洛林地区可持续规划及产业重构的重任。

2. 设立专项资金

为了提供对资源型城市可持续发展的资金支持，许多国家设立专项资金。日本政府成立总额为 248.9 亿日元的信托基金，用于支持塌陷资源型城市的改造和转型。德国政府拨出 150 亿马克，用于支持莱茵鲁尔区自 1966 年至 1977 年长达十余年的经济转型。在法国，累计 40 亿法郎投资于资源型城市群，以完成其 1984 年至 1988 年的资源型城市转型，专项资金的 3/4 由法国政府直接承担。

3. 成立公共就业服务机构

德国、法国、日本等国家，为资源型城市建立了高度发达的公共就业服务机构，可以提供劳动力市场信息和提供公共职业培训和失业再培训。这些培训活动提高了资源产业工人适应性和职业技能，且大部分培训费用由政府支持，减轻从业人员的经济负担。此外，根据所提供的职位数量，政府会给予聘请了失业人员的企业大量的特殊津贴。例如，在德国和法国这些津贴一次性支付，分别高达 50000 马克/人和 30000 法郎/人；在日本，特别津贴连续提供长达 12 个月，以支持招募 40 岁及以上的下岗工人的企业。

4. 建立健全法律法规

法律法规可以约束人们的行为，提高资源型城市转型的效率。因此，许多国家非常重视建立完善的法律法规。在日本、法国、德国，严格和具体的法律法规相继出台，惩罚那些非法使用资源型城市转型资金的企业。例如，日本连续制定、颁布 9 项法律法规对其煤炭城市和煤炭行业的转型进行监管和约束：在 1952 年，《企业合理化促进法》的颁布实施，促进产业技术和重大机械设备的快速更新；1959 年，《失业煤矿工人保护法暂行办法》成立，为这些工人提供三类法律保护措施："更广阔的领域"就业服务、职业培训和财政援助再就业；1961 年，日本政府提出《振兴产煤地区暂行办法》，以法律的形式对资源型地区以指定的财政援助；1978 年，《关于改进煤矿塌陷地区经济结构改造法律暂行办法》生效，特别强调和明确了政府在资源型地区转型工作中的责任和义务，等等。这些法律法规在日本的资源型城市结构重构过程中发挥了重要作用。

（二）国内资源型城市发展

中国资源型城市衰退发生在 20 世纪 80 年代，在 21 世纪初变得越发严重，但直到近几年，政府才制定特定的政策，以解决资源型城市的转型。事实上，中国可以汲取其他国家的成功经验，以促进资源型城市转型。

根据中国国家发展和改革委员会（NDRC）和中国宏观经济研究院（AMR）给出的权威定义，中国共计有 262 个资源型城市。可分为煤资源型城市、有色冶金资源型城市、黑色冶金资源型城市、石油资源型城市、森工资源型城市和其他自然资源型城市。

在过去的 10 年里，资源型城市的经济体取得了显著增长。但是，资源型城市和其他城市之间有很大的经济—环境之间的不协调度也在越发增大。在本节中，我们通过分析人均 GDP、产业结构、政府收入和环境条件的差异，来简要概括我国资源型城市发展进程。由于数据可用性的限制，只有 112 个地级资源型城市被列为研究对象，且研究时间为 1995~2009 年。

1. 中国资源型城市发展特点

（1）人均 GDP 低。

从图 1-1 中我们可以看到，1995 年至 2009 年期间，资源型城市人均国内生产总值平均增加了 3.84 倍，而其他城市增加了 4.13 倍。而且，如果除去石油资源型城市，资源型城市国内生产总值与其他城市相比会更低。前者的平均值仅为后者的 75%。另外，资源型城市生产总值的平均值曲线波动较为缓和，这与资源型城市经济发展依赖于自然资源开采密切相关。

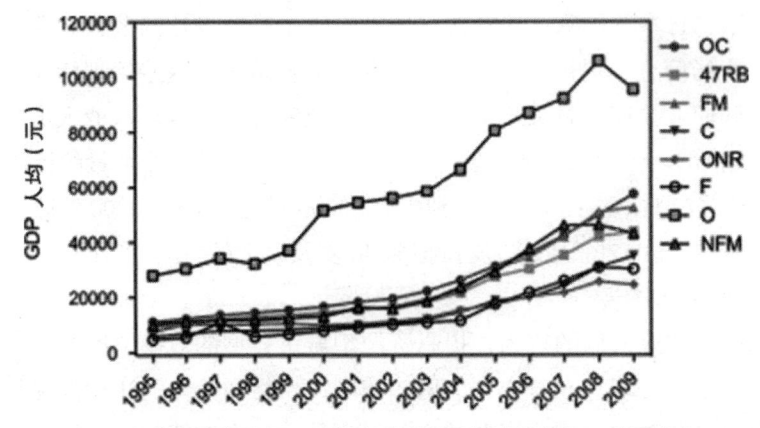

图1-1 我国各类资源型城市与非资源型城市人均GDP发展变化

注：OC—other cities，非资源型城市；47RB—47 resource-based cities，47 个资源型城市；FM—ferrous metallurgy cities，金属矿资源型城市；C—coal cities，煤炭资源型城市；ONR—other natural resource cities，其他资源型城市；F—forest cities，森工资源型城市；O—oil cities，石油资源型城市；NFM—non-ferrous metallurgy cities，非金属矿资源型城市。

（2）不平衡的产业结构。

根据图 1-2 显示，资源型城市第二产业在 GDP 中的比重与其他城市相比有显著性增加。特别是石油资源型城市，其第二产业平均比例约为 83%。由此带来的是，1995 年到 2009 年期间，资源型城市第三产业的发展显著落后。这种扭曲的产业结构进而异常的就业结构：居民多从事资源或相关产业。这种就业结构在面临资源消耗殆尽或资源价格下跌时，必将导致失业率增高等严重的社会问题。

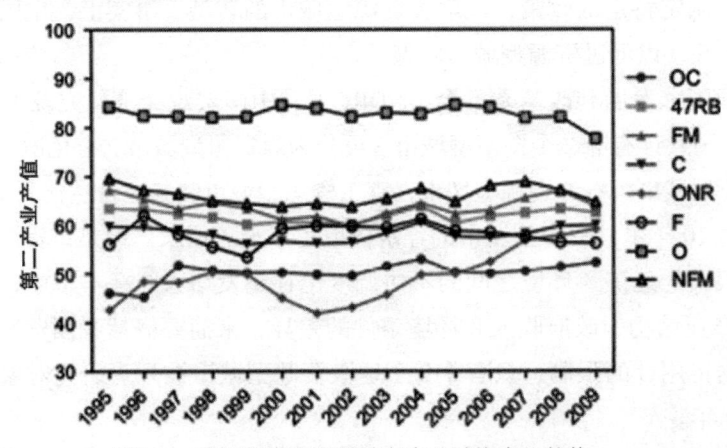

图1-2 我国各类资源型城市产业结构变化趋势

（3）较低的政府收入。

在一般情况下，资源型城市财务收入状况不及其他城市。在1995~2010年中，资源型城市的人均政府财政收入从人均457元增加到3143元，其他城市则从839元提高到4931元。前者的平均值仅为后者的58.3%，比重最小出现在2001年，为49.5%；比重最大出现于2009年，为63.7%，如图1-3所示。

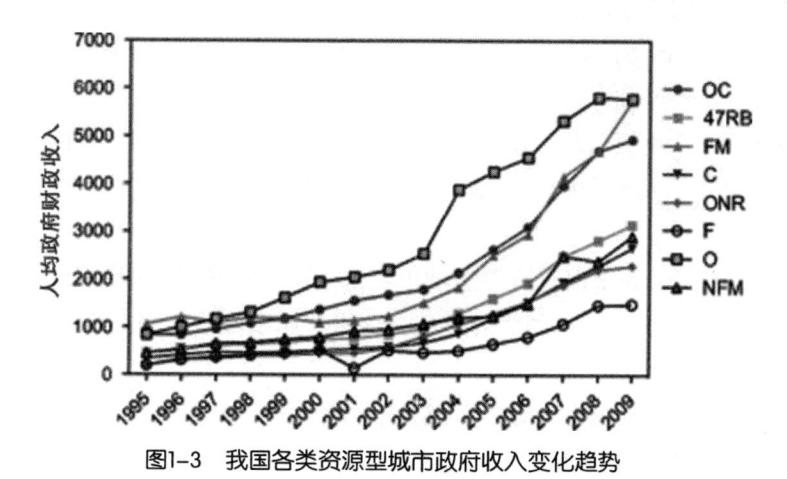

图1-3 我国各类资源型城市政府收入变化趋势

（4）生态环境恶化。

资源型城市的发展带来了严重的生态破坏和环境污染问题。其中95%的煤炭产量来源于地下开采，导致地面沉降灾害发生的可能性大大提升。例如，地面沉降灾害发生频繁的六个省份：山西、河南、河北、黑龙江、山东和辽宁，其煤炭产量占总全国输出的57%。虽然已经采取了相应的防护措施、填埋技术，但近年来各地灾情仍在增长，地质生态破坏形势严峻。环境污染问题同样不可忽视：根据对矿山地质环境的全国调查的结果显示，矿区2010年的废水产生总量为60.89亿万吨，排放总量是47.9亿吨；固体废物或尾矿产生总量为16.73亿吨，排放总量为14.54亿吨，累计废物排放量达219.62亿吨（1995~2010年），因垃圾处理不当受到严重污染的土地面积不断增加。

2. 我国进行资源型城市转型所采取的措施

自2000年以来，我国政府开始制定相关政策，以加快资源型城市转型，如表1-1所示。

表1-1 中国政府为加强资源型城市转型所制定的政策

政策名称	颁布时间
资源型城市转型工作会议（阜新）	2001年12月
党的十六大报告第8章第24节	2002年11月
东北老工业基地产业转型策略报告	2003年10月
矿区保护、改造、转型综合治理项目（2004~2010）	2004年9月
资源衰竭型城市人口发展综合调控项目	2005年8月
重振东北工业基地计划	2007年8月
党的十七大报告	2007年10月
国务院关于促进资源型城市可持续发展的若干意见（第38号文件）	2007年12月
关于进一步完善重振东北老工业基地的意见	2009年9月

续表

政策名称	颁布时间
资源枯竭型城市转型规划指导报告	2009年10月
国家开发银行关于重振东北老工业基地的规划方案	2010年7月
全国资源型城市可持续发展规划（2013~2020年）（第45号文件）	2013年12月

上述几个文件值得注意的有：

2003年10月，国务院颁布《东北老工业基地产业转型策略报告》，第一次明确提出资源型城市的经济转型和可持续发展问题。

2007年8月，"重振东北工业基地计划"正式启动。该计划的主要目的是创造就业，消除贫困，提高生活水平和居住环境，建立社会保障体系，维护社会稳定。促进资源型城市可持续发展。

2007年12月，《关于促进资源型城市可持续发展的若干意见》（第38号文件）由国务院发布。它提供了系统化的管理措施，促进资源型城市转型，标志着资源型城市调控上升到了国家战略层面。

2013年12月，《全国资源型城市可持续发展规划（2013~2020年）》（第45号文件）由国务院发布，扩充了资源型城市的定义，新增142个资源型城市，而且明确了发展规划周期，我国资源型城市调控进入崭新阶段。

3. 中国资源型城市调控研究热点

资源型城市转型和可持续发展是一项长期而艰巨的任务，在政府巨大努力下，许多资源型城市转型取得了显著的进步。然而，专项资金匮乏、替代产业竞争力低、生态环境修复困难、城市规划理论和技术不完善等问题仍然严重影响了资源型城市转型效率。因此，如何进行资源型城市的合理调控成为了城市学家、生态学家、经济学家共同研究的热点。具体可总结为以下几点。

（1）资源型城市补偿机制的研究。

补偿机制不仅仅是指经济补偿，它包括环境补偿、生态补偿、社会补偿等多个层面。如何量化资源型城市因资源开采导致的经济、环境、生态、人文损失是未来资源型城市研究的热点和难点之一。

（2）产业多元化机制的研究。

大力发展资源替代产业是当前资源型城市普遍采取的措施之一。但由于其根深蒂固的产业结构，以及因资源开采恶化的城市环境，无法培育或吸引具有竞争力的替代产业。基于能源二次开发利用的产业多元化机制研究已被德国、日本等国家采用并成功施行。如何制定适合中国国情的产业多元化机制迫在眉睫。

（3）相关法律制度研究。

如何对资源型城市量身定制适合其发展的法律法规，如何明确资源型产业的权利和义务，厘清中央政府、地方政府和资源型企业之间的关系，如何落实惩罚措施而有效遏制阻碍资源型城市可持续发展的行为，是需要人文科学与自然科学共同研究的热点。

（4）建立城市系统调控体系。

城市建设过程中缺少长远规划和科学预判，使城市规划过程中出现大量的重复建设，并进一步破坏了城市生态质量。如何将系统论运用到城市调控中来，制定多维度（环境—社会-经济）、多尺度（区域—城市—城镇）的调控方案，是未来城市规划者面临的最大问题，也是城市生态学的主要研究方向。

第三节 资源型城市生态调控

一、资源型城市生态调控理论基础

城市是一个涉及经济、社会、人口、科技、资源与环境等子系统组成的时空尺度高度耦合的复杂的动态的开放巨系统。对资源型城市的生态调控就是通过系统调控，使城市经济发展、社会进步、资源环境支持能力之间达到一种理想的协调发展的优化组合状态，实现城市能流、物流、人流、技术流、信息流的合理流动和分配，从而提高城市持续发展的能力。因此，资源型城市生态调控理论的提出必须基于可持续发展理论、城市生态学理论和资源型城市基本理论等基础理论的研究。

（一）可持续发展理论

1. 可持续发展的基本内涵

可持续发展是人类共同的理想与未来。人类社会的发展经历了渔猎文明、农业文明、工业文明，正在向新的文明阶段——生态文明迈进，可持续发展正是人类在漫长的发展历程中对走过的道路不断反思的结果，是人类为克服一系列社会、经济、环境失衡问题，特别是全球性的环境污染、生态破坏问题所做出的理性追求。可持续发展作为一种崭新的发展思想和模式，提出伊始，即已被全世界不同经济水平和不同文化背景的国家（地区）普遍接受，成为指导人类社会、经济、环境发展的共同的战略抉择。

可持续发展（sustainable development）最早出现在1980年发表的《世界自然资源保护战略》里。随后，一些国际组织相继发表了不少报告，对可持续发展概念的形成产生了极为重要的影响。例如，1987年以前挪威首相布伦特兰夫人为首的世界环境与发展委员会（WCED）发表了著名长篇报告《我们共同的未来》，系统地阐明了可持续发展的概念，现在许多文献引用的可持续发展定义均出自这份报告。又如，1991年世界自然保护同盟（IUCN）、联合国环境规划署（UNEP）和世界野生生物基金会（WWF）共同推出了另一部具有国际影响的文件《保护地球——可持续生存战略》，进一步阐述了可持续发展概念。特别值得提出的是，1992年在巴西里约热内卢召开的联合国环境与发展大会（UNCED），这次会议制定和通过了《21世纪议程》，不仅对可持续发展的定义给予了进一步的肯定，而且第一次把可持续发展的理论和概念推向实践和行动。

目前，在国际上认同度较高的"可持续发展"的概念为："既满足当代人的需要，又不对后代人满足其需要的能力构成危害的发展。"（WECD，《我们共同的未来》）其中"持续"即"维持下去"或"保持继续提高"，对资源与环境而言，则应该理解为使自然资源能够永远为人类所利用，不至于因其过度消耗而影响后代人的生产与生活。"发展"则是一个很广泛的概念，它不仅表现为经济的增长、国民生产总值的提高、人民生活水平的改善，还体现在文学、艺术、科学、技术的昌盛，道德水平的提高，社会秩序的和谐，国民素质的改进等诸多方面，发展既要有量的增长，还应有质的提高。

可持续发展始终贯穿着"人与自然的和谐、人与人的和谐"这两大主线，并由此出发，进一步探寻人类活动的理性规则、人与自然的协同进化、人类需求的自控能力、发展轨迹的时空耦合、社会约束的自律程度，以及人类活动的整体效益准则和普遍认同的道德规范等，通过平衡、自制、优化、协调，最终达到人与自然之间的协同以及人与人之间的公正。它的实施是以自然为物质基础，以经济为动力牵引，以社会为组织力量，以技术为支撑体系，以环境为约束条件。因此，可持续发展不仅仅是单一的生态、社会或经济问题，而是三者互相影响、互相作用的综合体。只是一般说来，经济学家往往强调保持和提高人类生活水平，生态学家呼吁人们重视生态系统的适应性及其功能的保持，社会学家则将他们的注意力更多地集中于社会和文化的多样性。

具体来说，可持续发展理论的丰富内涵，大致可以概括为以下几点。

（1）发展是人类共同的和普遍的权利。无论是哪个国家都享有平等的发展权利，同样，可持续发展也是世界各国所必要的。不过，对于属于发展中国家的中国来说，可持续发展的前提是发展，尤其应该将经济发展摆在第一位，因为只有发展才能为解决贫穷和人口压力以及生态环境恶化等问题提供必要的资金和技术，这些问题解决了才能谈得上并逐步去实现可持续发展战略。

（2）发展既包括经济发展，也包括社会发展和生态发展。三者是相互依存、相互促进的，但在可持续发展战略实施过程中其表现形式是不同的，即经济发展是前途和中心，社会发展是保障和目的，生态发展是基础和条件。只有经济发展到一定水平，才能促进社会的发展，而经济发展和社会发展要想保持可持续性又必须有一个良好的生态环境。实现可持续发展还必须依靠科技进步去努力提高社会、经济、生态三个方面的效益。

（3）强调发展的代际公平观念。在发展问题上，一定要用辩证唯物主义和历史唯物主义的观点去看待发展的历史性和时间上的一致性，即在发展经济时，决不能允许当代人以损害后代人的利益为代价去谋求一时的发展和利益。否则，可持续发展就成为一句空话。

（4）体现发展的代内公平概念。即决不允许一部分人或一个地区的发展以损害另一部分人或另一些地区的发展为代价，也就是所谓的可持续发展的空间维观念。

（5）强调发展一定要充分认识和妥善解决好人口、资源和环境与发展之间的关系，并使它们协调一致。要将人类当作自然界中的普通一员，经济活动要遵循自然、生态规律，本着人与自然和谐共处协调发展的原则来进行。

（6）可持续发展存在一定的区域差异，这种差异具体表现在实现可持续发展的道路和发展模式等方面。不仅各国之间存在这种差异，就连我国各地区之间亦存在这种区域差异性。例如，中国具有资源与人口和经济之间逆向分布的地理特点，故在选择可持续发展道路和发展模式时，应针对具体区情，做出科学的抉择。对于我国人口密度很高、自然资源极度缺乏的东南沿海地区，应以"科教兴省（市）"的发展模式为主，不能完全依赖资源的原始开发利用。

2. 可持续发展的支撑结构

可持续发展作为一种全新的发展战略和发展观，最初来源于环境保护，但随着可持续发展观念的日益深入，可持续发展已逐渐扩展到世界的各个地区、各个行业，并最终上升到追求人类社会—经济—环境这一复杂巨系统整体的可持续发展。实施可持续发展的首要任务是确定可持续发展的支撑结构，但可持续发展系统的复杂性决定了这种支撑结构体系的多样性。例如，既可按社会、经济、自然三要素划分，也可界定为人口、资源、环境、经济多要素的结合，这些支撑结构的划分，从本质上来说都是一致的，其区别主要在于人们对可持续发展的理解，以及所突出的可持续发展实施的重点有所不同。按照中国科学院可持续发展研究组的观点，可持续发展包括五大支持系统（或要素组）：生存支持系统、发展支持系统、环境支持系统、社会支持系统、智力支持系统。

生存支持系统。生存支持系统是实施可持续发展的基础条件。它是以供养人口并保证其生理延续为标识。自从地球上产生了人类，与其他物种一样，延续种群成为人类发展的第一目标。缺乏足够的食物、饮用水和清洁的大气，人类的生存将受到威胁。任何一个社会形态，以及任何一个社会形态下的不同发展阶段，如果不能提供这个最基础的生存支持系统，也就不可能满足人类更高水平的发展需求，因此良好的生存支持系统是启动和加速发展支持系统的前提。

发展支持系统。发展支持系统是实施可持续发展的动力条件。它的基本特征表现为：人类已不满足于直接利用自然状态下的初级生产力，而是进一步通过消耗资源，应用多要素的组合能力，产生更多的中间产品，形成庞大的社会分工体系，以满足除食物、饮用水之外的更多、更高的人类需求。生存支持系统与发展支持系统既不是独立的，也不是并列的，而是有次序和互相衔接的。一般而言，先有生存，而后有发展；没有生存，就没有发展。

环境支持系统。环境支持系统是实施可持续发展的限制条件。它以其缓冲能力、抗逆能力和自净能力的总和，去维护人类的生存支持系统和发展支持系统。生存支持系统和发展支持系统必须在环境支持系统的允许范围内，如果人类为了满足自身不尽的物质需要和精神追求，过分掠夺资源、能源和广泛意义上的生态系统，超出环境支持系统的许可阈值时，人类的生存支持系统和发展支持系统将可能崩溃，更不可能实现可持续发展的战略目标。

社会支持系统。社会支持系统是实施可持续发展的保证条件。如果说，生存、发展、环境三大支持系统的基础和状况都没有超出可持续发展总体要求的范围，但第四个支持系统——社会支持系统出现了问题，如社会分配不公、贫富悬殊过大、社会矛盾不可调和、战争的破坏及威胁等，将使可持续发展陷入无法实施的境地，其结果是不仅不能提高人类社会的可持续发展水平，相反甚至会将生存、发展、环境三大系统的支持能力破坏殆尽。

智力支持系统。智力支持系统是实施可持续发展的持续条件。它主要涉及教育水平、科技竞争力、管理能力和决策能力。一个国家或地区如果教育水平和科技创新能力低下，必然缺乏可持续发展的基础和后劲，尤其是全社会的管理水平和决策水平的高低，更是体现智力支持系统作用的关键性因子，一项重大的决策失误甚至可以销蚀及破坏生存、发展、环境乃至社会支持系统所具有的能力，由此足见智力支持系统在整个可持续发展中的重要地位和作用。

任何一个国家或地区的可持续发展，都受到以上五大支持系统整体的共同作用，其中任何一个系统的失误与崩溃，最终都会削弱可持续发展的总体能力。

尽管可持续发展支撑结构的确定方法尚不统一，但从规划实施的角度来看，一个区域可持续发展的支撑结构可以概括为"一个核心、六个空间"（1×6）的模式，一个核心即"以人为本"，六个空间（要素）包括经济空间、生态空间、资源空间、环境空间、地理空间和基础设施网络空间（见图1-4）。

1×6的系统形式，构成了可持续发展的一个有机的整体，实施可持续发展的主要任务就是探讨如何推进"一个核心、六个空间"的协调和高效发展。

（1）一个核心：以人为本。

作为生产力中最活跃的因素，人的非理性的生存和发展模式是阻碍可持续发展的最主要原因，而可持续发展的核心是追求人类发展的代际公平和代内公平，其根本目标和归宿仍然是推动人类社会的永续发展。因此，坚持"以人为本"，应成为指导实施可持续发展的基本理念。但现代意义上的"以人为本"，并不同于传统的绝对化了的"人类中心"观，它在对人的理解上，具有历史性和整体性，即强调以人类整体为本位，从长远发展利益出发对未来发展进行理性的思考和谋划，而不是仅以某一时段、某一集团为中心的局部意义上的狭隘认识。

图1-4　可持续发展的支撑结构（1×6）

可持续发展中"人"的发展，一般应综合考虑人口总量、人口迁移、人口分布、人口结构、人口素质等因素的评估、调控，以及社会管理的优化，其目的是寻求社会的公平和公正，保证发展的可持续性。

（2）六个空间。

①经济空间。可持续发展并不否定经济增长，相反，经济的发展是支撑可持续发展的物质基础和动力。经过国际社会对"增长"与"发展"关系的多年论争，传统的"经济增长"观念已逐步为"经济可持续发展"所取代，后者不仅包括了经济增长的内容，还涉及经济结构、经济体制和组织的优化，以及整个社会经济水平的发展等方面的问题，从而摒弃了片面追求经济产值和经济增长速度的传统模式。经济可持续发展应主要考虑经济规模、增长速度、产业构成、产业布局等因素，应努力提高科技进步贡献率，减少经济发展对资源的消耗和环境的破坏，提高经济发展的综合效益。

②生态空间。良好的生态空间格局，是协调人与自然之间的关系、保证区域可持续发展的基本条件。符合可持续发展要求的生态空间规划，主要应确立合理的生态功能区划及相应的调控措施。生态功能区划一般可分为生态管护区、生态过渡区和生态建设区三部分。生态管护区指生态系统中需重点保护的区域，如森林、饮用水源、风景园林、名胜古迹、纪念地等；生态建设区是指所有建设区域；生态过渡区则包括空间和时间上的过渡区域，空间上的过渡区是介于管护区与建设区之间的区域，时间上的过渡区即待建区。生态空间格局及相应控制措施，应能规范人类的开发活动，保证整个区域生态系统的稳定和改善。

③资源空间。可持续发展强调资源对人类社会、经济活动的基础作用，随着人口的不断增长，以及工业化、城市化进程的加快，人类对自然资源的大规模开采和巨大消耗，已导致资源基础的削弱、退化、枯竭。可持续发展的关键就是要合理开发和利用各类自然资源，使可再生资源保持其再生能力，不可再生资源不至于过度消耗并能得到替代资源的及时补充。对区域的可持续发展而言，根据资源获取方式的不同，还可将资源分为本地必备资源与可调入资源两大类，本地必备资源如土地资源、生态林业资源等应是可持续发展关注的重点。资源的可持续开发和利用，应在科学分析各地资源特点与状况的基础上，确定合理、有效的资源配置与利用策略。

④环境空间。环境空间的发展包括环境健康、环境舒适、环境欣赏三个层次，在可持续发展的过程中，环境空间遵循环境健康—环境舒适—环境欣赏这样一个不断提升的过程。其中，环境健康与环境质量相对应，环境舒适与人居环境相对应，环境欣赏与景观环境相对应。环境质量重点是要进行污染的控制，包括水环境、大气环境等；环境舒适主要是要保持良好的生态环境、适宜的人口密度、完善的基础设施和较高的城市文明；环境欣赏则主要是要因地制宜，创造富有特色的景观环境。

⑤地理空间。地理空间是指支撑区域可持续发展的总的地理空间规划形式。地理空间应基于大区域生态环境现状及特点，因地制宜，从地理空间层次上选择结构合理、功能稳定的布局结构和发展模式，提高人群居住及社会经济发展水平。由于各地区域情况具有多样性，因此地理空间大的布局形式也各不相同，总地说来应仔细分析、充分利用当地有利的自然地理条件，如山、水、海等，从环境舒适和环境欣赏层次上提高人与环

境的和谐度，并按照社会、经济发展规律的客观要求，协调各地理空间要素的相互关系，保障区域社会、经济、环境的可持续发展。

⑥基础设施网络空间。以人为核心，经济空间、生态空间、资源空间、环境空间和地理空间通过道路等基础设施网络空间相联系，构成一个完整、有机的可持续发展系统结构。网络空间内包含了大量的人流、物流及信息流。在可持续发展中，网络空间主要应考虑交通道路网、信息通信网、能源供应网、给排水管网等要素的发展及调控。

3. 可持续发展理论与城市

根据可持续发展理论的实质与内涵，在开展生态城市建设规划研究工作过程中，首先必须充分地认识到，我们的研究对象——城市是一个复杂的动态开放巨系统。其研究内容涉及地理学、生态学、环境科学、人口学、系统工程学、技术学、经济学、社会学、法律学、伦理学等许多相关领域。其思想有着极为深刻的哲学背景、社会背景和心理背景。但我们开展生态城市建设规划的最终目的是一致的：通过系统调控，以资源持续利用和改善生态环境质量为基础和条件，以培植可持续发展能力为先导和手段，从根本上转变传统发展战略，改变传统的发展模式和增长方式；人口由过快增长向控制人口数量，开发人力资源，提高人口的科技文化素质的方向转变；完善市场机制，通过资源价值化将资源消耗核算和生态环境损失测算纳入国民经济核算体系，逐步建立资源节约型的社会经济消费体系，开拓资源产业化市场以缓解资源供给和环境恶化的压力；采用政策宏观干预、公众理性参与和区域性法律、技术、行政、经济等手段，在时空耦合度上使经济和社会同人口、资源、生态环境之间保持和谐、高效优化有序的发展；最终在确保城市经济和社会获得稳定增长的同时，使城市经济发展、社会进步、资源环境支持和可持续发展能力之间达到一种理想的相协调发展的优化组合状态，以便在空间结构、时间过程、整体效应、协同性等方面使城市的能流、物流、人流、技术流、信息流达到合理流动和分配，从而提高城市持续发展的能力。

4. 资源型城市的可持续发展

可持续发展理论为人类处理好资源、环境与经济、社会的关系提出了全新的思想和理念。这一理论的提出，是人类在处理人与自然关系进一步理性化、进一步走向文明的重要标志。资源型城市因其主导产业的特殊性，与资源环境密切相关，占有资源、破坏环境的产业特征，使资源型城市严重背离可持续发展的要求。可持续发展的理念和原则对于资源型城市的转型发展具有极强的针对性和指导性。我国资源型城市在国民经济地域分工中占有十分重要的地位，能源工业又是我国国民经济和社会发展重要的组成部分。特殊的产业特征和重要的产业地位决定了资源型城市的未来发展必须以可持续发展理论为指导。

资源型城市的可持续发展有利于推动整个国民经济的可持续发展。资源型城市在全国地域分工中占有重要地位，但这些地区多为我国经济落后、生态脆弱和污染较严重的地区，人口、经济、生态、环境系统可持续发展问题表现突出。因此，这些地区的可持续发展是全国可持续发展战略的一个重要组成部分。同时，资源型城市的水土流失、环境污染等生态问题可能波及周边其他地区，研究这类地区可持续发展也是促进相关区域协调发展的重要手段。

资源型城市的可持续发展有利于促进区域经济发展。早期关于资源型城市的研究多从它们的生产性出发，强调它们在地域分工中承担的作用，忽视它们作为一个区域的平等发展权。因此，从可持续发展思想出发，重视地区经济整体利益，使它们公平地获得发展机会，培育起地区经济发展内在机制，将大大促进这类城市的经济发展。

资源型城市走向可持续发展的根本途径是转型。在《中国21世纪议程》中，工业的可持续发展是重要组成部分。资源型城市正是随着资源的开采、加工而发展起来的城市，随着对可持续发展理论认识的进一步深化，人们对资源型城市可持续发展问题的关注程度也越来越高。我国的资源型城市基本上是人口、经济、生态、环境各个系统的可持续发展问题十分突出的地区。这些城市的可持续发展比其他城市显得更加迫切，而进行转型则正是将可持续发展战略落到实处的具体体现，也是资源型城市走向可持续发展的根本途径。影响可持续发展的生态、环境及产业接续问题，正是在转型中需要解决的重要任务。

研究资源型城市的可持续发展，有利于正确认识其发展的特殊规律，促进资源型城市的可持续发展研究，为其他许多在建或者未建的资源型城市提供一些成熟的发展模式和经验。

5. 资源型城市可持续发展的制约因素

我国资源型城市的建立发展大多根植于国家计划经济时期，由于实行了主要依靠本国资源的重工业优先发展战略，资源矿产基地的建设得到了国家极大的重视，在全国各地形成了数量众多的资源型城市。与非资源型城市相比，资源型城市作为原料基地的职能远远超过了其作为中心城市的职能，同时，资源型城市的自身特征也决定了其对制度需求弹性较小，经济发展存在强烈的路径依赖，由此形成了资源型城市可持续发展的一系列制约因素。

首先，产业结构单一。资源型城市是指随着森林、矿产等自然资源的开发而兴建或发展起来的城市，在城市产业结构中以资源初级开发为主的第二产业为主体，第一、第三产业发展滞后。在计划经济时期，资源型城市被作为单一的能源基地来建设，过分强调城市的专业化功能，导致其产业结构单一，层次低下；同时，我国资源型城市由于传统体制的原因造成行业分割，企业仅仅是一个生产车间，资源型企业只是开采资源，并不对资源进行利用加工、生产产品，导致主导产业与城市产业存在断层，在城市经济中的关联效应较弱，难以带动城市经济的发展。

其次，后续发展能力不强。资源型城市中城市功能与企业功能倒错，企业的封闭运行系统排挤城市功能发展。我国资源型城市的形成一般是先有资源后建厂，先有企业后有城市。这些资源型企业通常是国家巨资投入形成的大型和特大型国有企业，并且完全是按照计划经济体制来构建和运作的"大而全"企业。在相当长的时间里，国有企业自身形成了庞大的自我服务体系。由于城市发展高度依赖国有企业，使得城市提供的公共产品很难替代企业的社会功能。国有企业的自身福利封闭运行体系排挤了城市功能的发育，使得城市中非国有经济难以进入第二、第三产业，城市发展受阻。

再次,经济效益低下。资源产权国有,价格体系扭曲,资源型城市价值转移缺乏补偿机制。我国资源配置长期推行的自然资源国有产权地位决定了资源不能交易与流通,完全由政府供给、分配、经营和管理,以减少运行上的"初始成本",这种制度安排在新中国成立初期起到了节约配置资源成本的作用,但也由此埋下了资源无价、资源产品低价的制度根源。进入市场经济时期后,价格应由市场决定,但单一的产权和计划协调替代市场交易,对抗自然不可避免,由此付出的对抗成本也必然会随资源不断开发而增加,资源价格体系日趋扭曲,从而出现当前我国资源型城市面临"资源丰富、经济贫困"等与市场经济相悖的状况。资源型地区积累能力弱,难以发展新兴产业,更难以培育新兴产业投资环境,而从国家宏观管理层面还尚未形成有效的补偿机制。另外,由于资源型企业管理体制上执行"条条"管理,城市地方政府没有能力统率各方力量、统筹使用资金和各种资源,实现产业结构转型。这一切都成为资源型城市转型发展的制约因素,大大降低了资源型城市的竞争能力和可持续发展能力。

最后,环境污染和生态破坏严重。目前,资源型城市发展还面临严重的环境污染和生态破坏问题。其中,大气、水体污染是资源型城市的普遍环境问题。同时,由于矿产资源开发出现的地表坍塌、尾矿堆积等,使得生态环境日趋恶化。资源利用效率低、资源低效开采和浪费现象普遍、急功近利的掠夺式开采导致的资源浪费加剧了我国后备资源供给不足的危机。

(二)城市生态学理论

城市生态学是研究城市生态系统的结构、功能及其运动规律的一门科学,它强调生态规律对人类活动的指导作用,重视城市生态系统的整体性、动态代谢功能和物质能量循环规律等,并在这些基本规律指导下,探讨城市发展中的生态问题,以此限定城市人类活动的内容和范围,使城市生态系统的自律、自稳定和自循环能力加强,在某些方面更类似自然生态系统。城市生态学的研究从古典、现代到后现代形成了一些颇有建树的理论观点。

1. 古典城市生态学理论

按照早期芝加哥大学的生态学家伯吉斯(Burgess)及其同道者的观点,城市由多个社区单元组成,每个社区的发展是受社会人的共生与竞争过程支配完成的,进而推动着城市的发展。其中,共生关系是指在各种不同的人群或社区之间存在相互依存的状况,竞争关系是指在城市范围内各种不同的人群或社区之间存在对有限的资源和生存空间的争夺与冲突行为。应用这种古典生态学理论,许多城市生态学家建立了城市的生态模型,其中最具代表性的人物是伯吉斯、霍依特(Hoyt)、哈里斯(Harris)和厄尔曼(Urman),分别介绍如下。

(1)伯吉斯的同心圆地域假说。

伯吉斯的同心圆地域假说是伯吉斯创立的一个理想的城市发展和空间组织方式的模型(Burgess,Emest,1925)。他在生态图上划分出了五个同心圆区域(见图1-5),从内向外分别由中心商业区、过渡区(城市贫民区)、工人居住区、高级住宅区和往返区构成。

伯吉斯认为，该城市发展模式存在两个趋势：一是随着城市的发展，城市由内向外扩散，某一环节发生扩张将入侵下一环，其构成成分逐渐更新；二是距城市中心的距离由近及远表现出居住密度降低和土地面积扩大的特征。

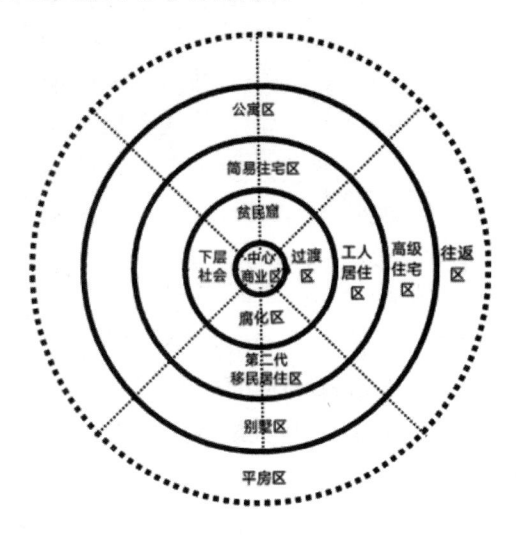

图1-5 伯吉斯的同心圆地域假说

（2）霍依特的扇形模型。

在伯吉斯研究的基础上，霍依特对照了大约142个城市，得出与伯吉斯不完全相同的结论：城市的核心是中心商业区，城市发展过程经历的布局方式与同心圆区域有关，但也不完全遵循这种均质扩散的规律，某些功能区表现出扇形的特征（Hoyt H，1939）（见图1-6）。

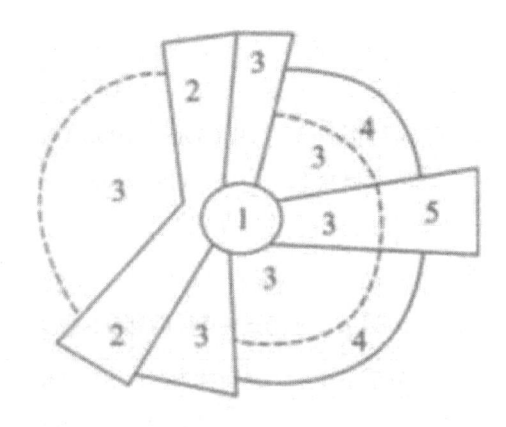

1—中心商业区　2—工业区　3—底层阶级居住区
4—中层阶级居住区　5—上层阶级居住区

图1-6 霍依特的扇形模型

（3）哈里斯和厄尔曼的城市多核心理论。

哈里斯和厄尔曼通过对多种类型城市地域结构的研究发现，职业、地价、房租和环境等多种因素是导致城市布局模式的主要因素，于是提出了城市多核心理论（见图1-7），即城市是由若干不连续的地域单元组成，每个地域单元存在一个核心。

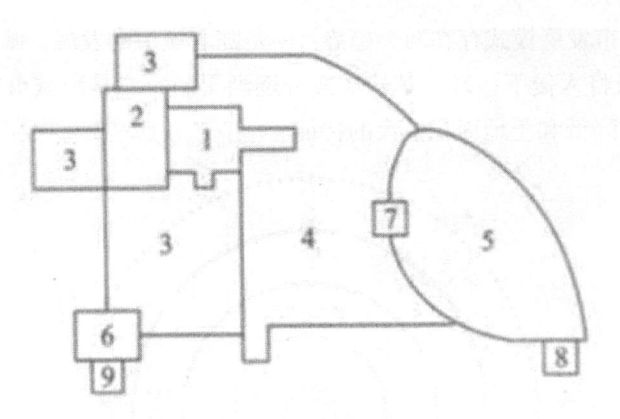

1—中心商业区　2—轻工业区　3—低收入阶层居住区
4—中等收入阶层居住区　5—高收入阶层居住区　6—重工业区
7—异质商业区　8—郊区居住区　9—郊区工业区

图1-7　哈里斯、厄尔曼的城市多核心理论

2. 现代城市生态学理论

受城市生态系统自发形成的影响，古典城市生态学家往往注重对城市生态系统空间结构的成因进行研究。当在全球范围内发生了不可避免的城市生态危机以后，现代城市生态学家把注意力转移到改良城市空间结构、建立城市发展机制、协调城市社会阶层的各种关系等方面（Karl B，1995；Barnett，1996）。其基本观点主要为：伴随城市发展的标志不应只局限在经济水平的提高，更应重视社会的和谐和生态环境的保护，其主要目的是充实城市生态系统中所缺乏的自然生态功能。现代生态学家更注重城市生态系统的微观调控（Newman P，1992）。

近年来，许多以城市可持续发展和环境规划为主题的讨论会和学术会议相继召开，其中对城市生态规划理论有指导意义的主要有以下三份项目报告。

①《城市发展的合理环境项目报告》（OECDl5，1990）；

②《如何根除城市环境问题项目报告》（EC-Commission，1990）；

③《城市多功能合作与分工项目报告》（ESUD，1994），提出应用于环境问题的生态设计模型（见表1-2、图1-8）。

表1-2　城市三种功能的划分

城市标志	负责任的城市	有活力的城市	可参与性的城市
目标	流动方式	区域管理	参与者的角色
社会目标	产量与质量	有用性与诱人性	大众的和特殊的
生态问题	匮乏、污染和破坏	健康、功能和生物多样性的损失	疏远与漠不关心
生态城市	可持续发展的管理及控制规划	区域的可持续利用及地方潜力规划	组织与生态有关的会议交流活动
研究焦点	资源链的管理	区域效益导向管理	目标群体的选择

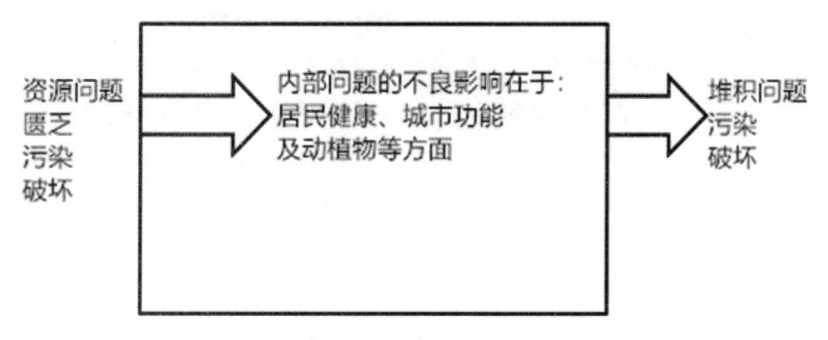

图1-8 应用于环境问题的生态设计模型

综观各种现代城市生态学理论思潮,可以归纳为以下四种。

(1)中心化理论。

中心化理论认为,服务于大区域的各项设施只有集中布置并提高设施的规模,才能满足大区域需求,同时便于对废弃物的排除进行高标准的管理。该理论强调经济的规模效益,即在大区域内建设大型的中心设施,如电站、泵站、污水处理厂、废物焚烧场及交通网络,并设立专业部门负责管理各项设施。那么由此产生了两方面的生态问题:一方面是水、能量、物质或交通的供不应求;另一方面是废水、转化的热能、废物及交通噪声问题的过剩。其解决方案是补充供应和消除过剩,两种方案的矛盾使中心化论者处于进退两难的地步。此外,这种难以调和的矛盾使受益于中心化便利设施的城市居民只有供不应求之感,而几乎看不到城市的排泄物流(地下),更不愿支付各项活动中追加的社会和环境成本,造成他们对城市规划参与的积极性不高。

(2)分散化理论。

分散化理论认为,中心化理论提出的解决方案没有从实质上解决环境问题,而是转变了问题的形式或转移了问题的所在。因为污水处理厂留给居民的是污泥,废物焚烧场留给居民的是熔渣,而开辟新的机动车车道未必能从长远角度解决交通拥挤问题。因此,分散化理论提出:环境问题主要与居民的个人行为和工作单位活动形式有关,为从根本上防治环境问题,各项设施应分散布置,对于城市密集地带的居民应实施疏散措施,号召城市居民向人烟稀少的农村迁移,逐渐适应自建房屋、自种粮食、自理废物的自然生活方式,在农村建立自理家庭和生态村。

但分散化理论将导致原始的、反城市的生活和工作方式的形成,享受城市文明的居民很难适应这种生活模式。而且该理论试图建立的家庭式自足系统,需要集体的合作才能完成,但集体组织成员的共生又会导致挥霍更大的空间资源问题,增加了环境问题的覆盖面,与所追求的生态型农村生活方式相背离。

(3)"三明治"理论。

由于中心化理论从城市中转嫁了环境问题,分散化理论把居民从城市中移出,扩大了环境问题的覆盖面,扰乱了城市居民长期形成的生活方式,因此,珈玲(Tjallingii,1989)提出了第三种理论——"三明治"理论或夹层学说。其顶层表示政府的决策层,具有权威性,其主要任务是为环境问题的防治创造技术、经济和管理条件,并提出一些以资源利用为导向的措施。领导层必须认真选择参与决策的群体，通过刺激或调节措施改革城市，使之适应不同生活方式和不同就业性质的居民群体。底层表示居民个体与群体的行为量度，号召居民节约能量和资源，减少废物的产生，并加强城市税费体系的管理，激发城市居民的参与意识。而夹层是以社区、城区和区域作为主要参与者指导完成某些相关的城市工程，如雨水储存工程与回收热能装置的设计工程、回收或二手货市场建立工程，以及设计安全的循环线路等。

（4）水网与交通网络的衔接理论。

与珈玲的宏观调控理论不同的是，耐斯（Naess，1992）和玛尔（Mar，1981）等从微观调控的角度提出了城市的水网和交通网络衔接理论。他们认为，城市的高速发展与基础设施的集约化利用将使城市建筑密度增加，并向高层发展，既影响了城市环境，又破坏了居民原有的生活方式和邻里关系。如果减少城市建设密度并阻止其向高层发展，必须将某些行业向郊区迁移，而这种做法又在区域水平上增加了人工生态系统的密度，不利于区域水平上生态系统的平衡。因此必须建立城市的水网和交通网的有效衔接方式。

交通网络，可看作城市高动力功能的承载者，制造业、商业、旅游业以及农业高度依赖交通设施实现价值，此外交通网络还具有公共运输和机动车轨道的基本功能，支撑高速运作的人类活动，并鼓舞或限制着居民的活动范畴。水网，可看作低动力功能的承载者，它担负着自然开发和保护基地以及安静的休闲地等一般功能，还具有为雨水提供流动与保存的空间、为居民提供城市用水、为城市绿地的可持续生长提供源泉等主要职能。水网包括任何形式的地表径流与地下径流，水网的合理设计有利于涵养水源、发挥地方的生态潜力。在此基础上耐斯和玛尔建立了简化的红—绿模型，如图1-9所示。

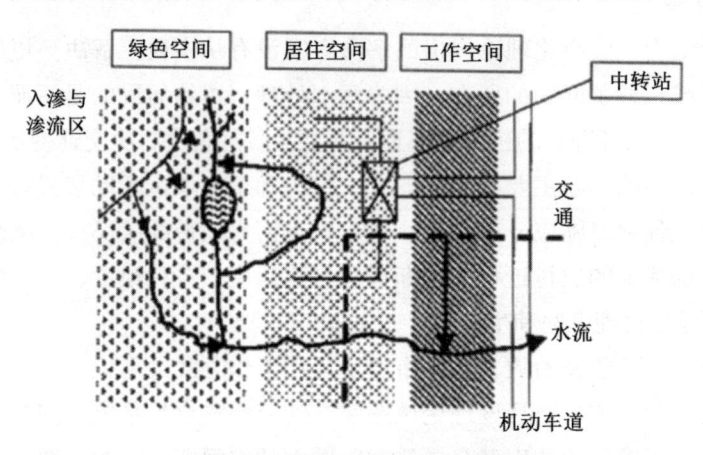

图1-9 水网与交通网络体系构图

图1-9表明了一种介于城市绿色空间、居住空间和工作空间的相邻关系，以及水网与交通网络的有效衔接关系。这种布局有以下特点：建立了可持续的土地空间布局模型；有效地将水网与交通网络衔接起来；为城市与乡村规划提供了依据。

上述各种城市生态学理论强调建立鼓励公众参与的城市调控体系，在城市生态规划中要求注重发挥城市绿色空间与开敞空间的作用，合理安排并协调建筑物的相邻关系，有效连接交通网和水网，加强城市流的设计与控制，实现城市生态功能分工。

（三）后现代城市生态学理论

后现代生态学是由美国学者怀特（Daniel R. White）在1998年出版的 *Postmodern Ecology: Communication, Evolution and Play* 一书中提出的。通过对欧洲思想发展趋势的历史性进程的研究，怀特认为，欧洲思想的发展促成了工业文明的形成，当前正在向"生态文明"的转折点发展。

怀特对生态学和后现代之间的关系，尤其是生态学与后现代社会之间的关系的论述，带有鲜明的时代性。例如，他认为"应该在全球的尺度上考虑生态危机，仅仅从人类的单边主义出发，很少考虑其他生物，直接后果不仅对人类生存而且从技术角度而言，都是灾难性的"；而对工业文明与自然之间的关系做了尖锐的批评，认为"唯一可供选择的是回归——即在后现代的阶段强调交流和对话"。

后现代城市生态学是后现代生态学在城市领域的应用。它的产生至少与两个原因密切相关：①可持续发展研究的深入；②复杂性科学在城市研究领域的运用与深化。

对于环境与能源危机，20世纪70年代"增长的极限"的警示让人类对于发展的概念有了全新的认识，为80年代可持续发展思想的诞生奠定了基础。90年代环境承载力、生态足迹等概念使可持续发展思想进一步成熟。而20世纪城市研究领域所运用的理论与方法，也经历了从机械性科学到系统科学再到复合性科学的发展转变。在这两个方面的影响下，后现代城市生态学呈现出与以往城市生态学截然不同的特征，至少表现为以下三点。

第一，把城市看作一个系统，而不是个别事物的组合，注重城市内部复合生态系统以及城市与周边地区的均衡发展，强调城市生态环境承载能力，以及城市人口需要耗费资源换算成的生态足迹对城市发展的制约作用。

第二，认识到科学技术的局限性，因此强调从全社会的角度来解决城市生态环境问题，强调研究中的交流和对话，强调城市居民的参与和城市社区的自建等。

第三，认识到城市生态系统的复杂性，以及现有理论与知识、获取资料的不足，利用环境影响评估、生态风险评价等方法来降低城市开发建设中的不确定性可能产生的不利影响。

（四）城市生态调控原理

生态控制论中较主要的问题之一，是自组织和最优控制问题。这是生态系统基本特性的反映。物理学、化学工程技术中也有自组织系统和最优控制问题，但它们的自组织系统的能力远远不及生态系统所达到的规模和程度。这是生态系统长期进化的结果。

生态系统是一个组成复杂、性能完善并具有多级结构的大系统。协调控制是生态系统的一个重要特点。在协调控制的作用下，生态系统的各种功能可以大大改善。生态系统调控（协调控制）的根本目的是达到生态系统的优化，而生态系统的优化原理主要有两条：一是高效，即物质能量高度利用，使系统生态效益达到最高；二是和谐，即各组分之间关系的平衡融洽，使系统演替的机会最大而风险最小。自然生态系统的优化发展是自然生态自发演化的过程，而人工生态系统的优化则是人类自觉调控与自然的自发演化相结合的过程。两种生态系统的调控虽然各具有特点，但都遵循共同的原则。

如何运用优化原理对生态系统进行调控呢？例如，对于城市这样一个典型的自然—经济—社会复合生态系统，生态控制的任务，就是运用系统优化的基本原理，去调控城市的人流、物流、能流、信息流和货币流，使各方面的发展达到协调。

1. 高效的功能原理

城市生态系统的物质代谢、能量流动和信息传递关系，不是简单的链和环，而是一个环环相扣的网，其中网结和网线各司其能，各得其所。一个高效的城市生态系统，其物质能量得到多层分级利用，废物循环再生，各部门、各行业间共生关系发达，系统的功能、结构充分协调，系统能量损失最小，物质利用率最高。其生态原理包括：

（1）循环利用原理。

生物圈中的物质是有限的，原料、产品和废物的多重利用和循环再生是生态系统长期生存并不断发展的基本对策。为此，生态系统内部必须形成一套完整的生态工艺流程。其中，每一组分既是下一组分的"源"，又是上一组分的"汇"，没有"因"和"果"、"资源"和"废物"之分。物质在其中循环往复，充分利用。城市环境污染，资源短缺问题的内部原因就在于系统缺乏物质和产品的这种循环再生机制，而把资源和环境完全作为外生变量处理，致使资源利用效率和环境效益都不高。只有将城市生态系统中各条"食物链"接成环，在城市废物和资源之间，内部和外部之间搭起桥梁，才能提高城市的资源利用效率，改善城市环境。循环利用原理包括生态系统内物质的循环再生，能量的多重利用，时间上的生命周期、气候的变化周期等物理上的循环，以及信息反馈、关系网络、因果效应等事理上的循环。

（2）开拓边缘原理。

开拓边缘原理在人与环境相互关系的处理上，反映了生存斗争的策略。要尽可能抓住一切可以利用的机会，占领一切可以利用的边缘生态位。人类要用现有的力量和能量去控制和引导系统内外的一切可以被开发利用的力量和能量，包括自然的和人工的，使它们转向可以利用的方向，从而为系统的整体功能服务。

（3）共生原理。

共生关系是生物种群构成有序组合的基础，也是生态系统形成具有一定功能的自组织结构的基础。对城市生态系统来说，共生的结果使所有的组分都大大节约了原材料、能量和运输，使系统获得多重效益。相反，单一功能的土地利用，单一经营的产业，条条块块分割式的管理系统，其内部多样性程度很低，共生关系薄弱，生态经济效益就不会高。

2. 最优的协调原理

使城市生态系统协调发展是城市生态调控的核心。它包括城市各项人类活动与周围环境相互关系的动态平衡，即城市的生产与生活、市区与郊区、城市的人类活动强度与环境的负载能力以及城市的眼前利益与长远利益、局部利益与整体利益，城市发展的效应、风险与机会之间的关系平衡等。维持城市生态平衡的关键在于增强城市的自我调节能力，这需要把握好调控的如下基本原理。

(1) 最适功能原理。

城市生态系统是一个自组织系统，其演替的目标在于整体功能的完善，而不是其组分结构的增长。城市自我调节能力的高低取决于它能否像有机体一样控制其部分组分的不适当增长，以和谐地为整体功能服务。一切生产部门，其产品的生产是第二位的，而其产品的功效或服务目才是第一位的。随着环境的变化，生产部门应能够及时修正产品的数量、品种、质量和成本。比如一个房建公司，盖房只是其手段，为城市居民提供方便、舒适的居住条件才是目的。因此它必须将设计、施工和使用部门联成一个信息反馈网络，在外部条件允许的范围内尽可能地为改善居住条件而生产。

(2) 最低限制因子原理。

能量流经生态系统的结果并不是简单的生与死的循环，而是一种螺旋式的上升演替过程。其中虽然绝大多数能量以热的形式耗散了，但却以质的形式储存下来，记下了生物与环境世代"斗争"及长期相互作用的信息。在长期生态演替过程中，只有生存在与限制因子上、下限相距最远的生态位中的那些生物种，其生存的机会才最大。也就是说，处于最适生态位的物种有最大的生存机会。因此，现存的物种是与环境关系最融洽、世代风险最小的物种。城市密集的人类活动给社会创造了高效益，但同时也给生产和生活的进一步发展带来了风险。要使经济持续发展，生活稳步上升，城市也必须采取自然生态系统的最低限制因子对策，即使各项人类活动处于距限制因子的上、下限风险值距离最远的位置，使城市长远发展的机会最大。城市的人类活动如果超过某项资源或环境负载能力的上、下限，就会给系统造成大的负担和损害，从而降低系统的效益。若能通过调整内部结构，将该项活动控制到风险适中的位置，则城市的总体效益和机会都会大大增加。

总之，自然生态系统与社会生态系统都有着某些相应的动态规律。这些动态规律反映了系统内各组分间的相互依赖、相互制约的矛盾关系。协调系统的各种生态关系，把系统调控到最优运行状态，是解决人与环境关系问题的根本性措施。

(五) 城市生态系统及其环境问题实质

城市生态系统是城市居民与周围环境相互作用形成的网络结构，是人类在改造和适应自然环境的基础上建立起来的特殊的人工生态系统。城市作为人口密集，建筑物密集，工厂、商店、机关、学校等汇集的地方，也是资源与能源大量消耗、产品和废物大量制造、物资和财富大量集中、劳力和人才大量汇集的场所。因此从生态学角度来看，城市生态系统与其他人工生态系统一样，是一个由自然组分和人工组分相互渗透形成的受人工干预的、具有多层次结构和多功能的大型复合系统，但与其他人工生态系统相比，其人工组分比例、物质能量的流通通量更大。

1. 城市生态系统的构成

一个系统的组成应与其功能相对应。城市生态系统的基本运行功能包括支持、生产、消费和还原。因此，按照城市生态系统的运行功能，城市生态系统可分为生态支持系统和生产消费系统两大部分（亚系统），各系统的构成要素及层次结构如表1-3。

表1-3 城市生态系统结构表

城市生态系统											
生态支持系统					生产消费系统						
自然环境		人工环境		广域环境	生产系统				消费系统		
自然要素	自然资源	物质环境	精神环境	自然要素、自然资源、资金、信息、产品……	物资生产	信息生产	流通服务	行政管理	生理需求消费	安全需求消费	尊重需求消费	自我实现需求消费
气候、水文、地质、地貌……	水、土地、岩矿、太阳辐射……	建筑、道路、基础设施……	文化、教育、科技、信息……									

（1）生态支持系统。

城市生态支持系统是维持城市运作的基础，也是城市发展的源泉，其包括三个方面：自然环境、人工环境和广域环境。

自然环境由自然要素（如气候、水文、地质、地貌、生物）和自然资源（太阳辐射、水、土地、岩矿）组成。城市生态系统中的自然在系统中所处的地位虽然没有自然生态系统中高，但它是城市生态系统不可缺少的一部分，不但向城市生态系统提供必要的资源与能源，同时还向城市提供必要的生态服务功能，如气候调节、防洪、降噪等。

人工环境则由物质环境和精神环境两部分组成，其中物质环境包括建筑、人工景观、废物处理设施、资源配置和流通系统等。而精神环境则包括文化、教育、科技、信息等。城市是高度人工化的生态系统，是人类对自然生态系统改造的结果。在城市环境中，大部分都打上了人类活动的烙印，因此，城市人工环境是人类活动的结果。同时，人类自身所创造的人工环境支撑着人类的生存和发展。

由于城市是一个高度开放的系统，城市的运转离不开其城市腹地的支持。据对波罗的海区域29个大城市的物质、能源消耗计算可知，这些城市为获得这些物质和能源所需的土地是其本身的500~1000倍。因此广域环境中的自然要素、自然资源、资金、信息、产品也是城市生态系统运转的基础。

（2）生产消费系统。

城市生态系统与自然生态系统最本质的区别是城市活跃的经济政治生活和高密度的物质信息生产过程。因此，城市生产消费是城市的命脉和支柱，城市生产消费系统是城市生态系统的核心，是城市得以存在和运行的关键。它主要是以人为主体，将各种自然资源进行加工、处理和消费的运作系统。该系统又由两个子系统组成，即生产系统和消费系统。

生产系统包括了人类进行物质、能量、信息等方面循环转化并直接或间接产生经济效益的各种经济活动，一般由物资生产、信息生产、流通服务及行政管理等组成。

物资生产主要是指城市各部门设法从系统内部或外部获取物质能量，并按照社会的需要转换成有一定功能的产品。信息生产主要是由科技、教育、文艺、宣传、出版等部门，为社会积累、加工传授和推广信息培养、输送人才，满足社会在生产和生活活动中的信息及人才需求。流通服务不直接生产产品，只是为各个生产和生活部门牵线搭桥，横向联络，促进系统内物质能量的加速循环或流动，保证城市社会经济活动的正常进行，是城市不可缺少的组成部分。行政管理没有直接的经济效益，却通过各种纵向联系和管理维持城市功能的正常发挥和社会的正常秩序。

消费系统则是人类为满足各种社会需求而进行的各类活动。人的需求有层次地分为生理需求、安全需求、尊重需求、自我实现需求等，城市生态系统中的消费活动即围绕着这些需求而进行，由此形成了一个特殊的系统：消费系统。

消费系统最基本的是满足生理需求所进行的活动，即维持城市人类正常活动所进行的消费活动，包括对食物、淡水、衣物等日常生活用品、燃料、动力、供应等消耗性物品及住房、交通、教育和医疗条件等的使用，以保证人体新陈代谢的正常进行和人类种群的持续繁衍。

在基本物质生活条件得到满足的前提下，为了社会的持续发展及个性的充分发挥，人们需要更多的更加丰富多彩的生活环境，追求广泛的社会联系，这些活动涉及对文化、信息、精神的追求，如娱乐、旅游、社交等。

城市生态系统的两个亚系统之间没有严格的界限，通常是相互交叉的，如企业内部的污染物净化设施，应归类为生态支持系统。因此，城市生态系统的构成要素之间并不能严格地区分，它们相互作用促使其地位随时间或空间而改变。各种生态流将城市中的生产与生活、资源与环境、时间与空间、结构与功能等串联起来，支撑着整个城市的运作。

2. 城市生态系统中的生态流

城市生态系统的基本功能包括支持、生产、消费和还原四大功能。这些功能的发挥是靠系统中连续不断和密集的物质流、能量流、信息流、人口流和价值流等生态流来实现和维持的，正是这些生态流以物质循环、能量流动和信息传递的运动方式和过程，实现了城市的支持、生产、消费和还原功能，因此这些生态流是城市生态系统的功能过程和动态表现。弄清这些生态流的动力学机制和调控方法，也就基本掌握了城市生态系统中错综复杂的生态关系。下面分别对城市生态系统中各种生态流的输入、转化和输出以及主要原理进行分析探讨。

（1）城市生态系统的物质流。

物质流是指物质在时空上所发生的输入、转化、输出以及循环运动过程的总称。城市生态系统是人和人工物质高度聚集的地区。每个城市每天都要从外界输入大量的粮食、水、原料、劳动资料等，同时又要向外界输出大量产品和"三废"物质等，所以城市是地球表面物质流在空间大量集中的地域，是各种物质输入、转化、输出和循环迅速的热点地区。借助于这些密集、高效的物质流，城市不断地进行新陈代谢，保持着活力和发展。

城市生态系统的物质流可分为自然物质流、经济物质流和废弃物质流三大类。自然物质流包括流经城市的地面水、大气环流、自然降水、地壳物质运动和野生生物运动（如鸟类、鼠类）等。经济物质流指沿着投入产出链或生产消费链流通着的各种经济物流，它们是取之于自然界并经人类劳动加工过的物质，是使用价值在城市生态系统中的流通和流动，是城市物流中最主要的组成部分。废弃物流指城市各种生产性废物和生活性废物的流动,如城市污水流入河流,城市废气排放大气环境,污染物沿生物食物链转移,等等。

(2)城市生态系统的能量流。

能量流是指各种形态的能量在系统内部和其他系统之间的流动状况。城市生态系统要维持其经济功能和生态功能,必须不断地从外部输入能量,如食物、煤、石油、天然气、水等,并经过加工、储存、传输、使用、余能综合利用等环节,使能量在城市生态系统中流动。一般来说,城市的能流是随着物流的流动而逐渐转化和消耗的,它是城市居民赖以生活、城市经济赖以发展的基础。

城市生态系统的能量流有以下特点:首先,能量流为单程流,是不可逆的过程,即能量既不能被创造,也不能被消灭,它只能以一种形式转化为另一种形式,不同能量形式可以相互转化,但能量的转化、流动过程是单程式的、不可逆的。其次,能量在流动的过程中是逐渐锐减的,能量传递是以耗散的状态进行的。如果没有新能量的投入,原有能量流直至以废热形式全部散失为止,这就是为什么城市生态系统是一个典型的耗散结构。最后,能量传递金字塔规律与熵增原理是一致的。在城市生态系统中,城市的能流是由低质能量向高质能量的转化和消耗高质能量的过程,这一点和自然生态系统只以太阳能沿食物链流动为主体是大不相同的。当然在城市生态系统中,太阳能的流动和转化也是影响城市生态环境和经济发展的重要方面,如风能、水能和潮汐能等自然能量的流动。

(3)城市生态系统信息流。

控制论的创始人维纳指出:"信息是联系,信息系统是外在世界的缩影","信息是人们在适应外部世界,并且在这种适应为外部世界所感受到的过程中,同外部世界进行交换的内容和名称"。信息的本质是系统各组分之间以及系统与外界之间的联系。

在城市生态系统中,伴随物质流、能量流、人流、价值流等还进行着大量的信息流动。这种信息流表现为城市生态系统的主体——人对系统的各种"流"的状态的认识、加工、传递和控制的过程。城市生态系统的任何运动都要产生一定的信息,如属于自然信息的水文信息、气候信息、地质信息、生物信息、环境质量信息及物理信息、化学信息等;属于经济信息的新产品信息、价格信息、市场信息、金融信息、劳动力和人才信息、国际贸易信息等。因此,城市生态系统是一种信息高度集中的地域,信息流是系统中最具有本质特征的流。

信息流具有消耗性、非守恒性、累积效果性、强时效性等特点。几千年来,城市生态系统消耗了大量的物质和能量,却留下了丰富的信息。信息技术的每一次突破,都会推动人类社会特别是城市生态系统更趋于有序。但无组织信息或失去控制的信息却带给城市一种污染。

(4)城市生态系统的人口流。

密集的人口流是城市生态系统功能的重要动态表现。这种人口流包括空间范围内的移动流(市区流动、城乡流动和城市间流动)和时间范围内的变动流(人口的自然增长和机械增长)。

由于城市是社会、经济和文化高度发达的地区,它与周边的其他生态系统如农村生态系统构成了社会、经济和文化梯度。这种梯度的存在，使城市成为一个吸引力极强的中心，促使了人口向城市集聚，如我国目前非常令人关注的"民工潮"。同时城市内的人们为追求自然，纷纷向农村和郊区迁移的现象，构成了另一种人口流。此外，城市生态系统中的人口流还指城市系统内部人口的流动，即城市人口在城市之间的位移所形成的"流"。

城市生态系统密集的人口流给系统带来正效应，如城市的人才劳力流，它是一个城市生态系统富有生机的主导因素。但过度密集的人口流也同时给城市生态系统带来了一系列的城市生态问题，如交通拥挤、住房紧张、环境污染、生态破坏等。

（5）城市生态系统的金融流。

金融是人类为方便物质交换和信息交流而实行的一种资金融通方式，是人们利用财务杠杆原理来实现最大投资利润目标的主要手段。在资金融通过程中，按融入资金双方接触和联系方式的不同，可以分为直接融资和间接融资两种。前者指融资双方直接接触，面对面协议融通；后者指融资双方通过中介服务机构实现金融的流动过程，中介机构一般由金融机构承担。金融流通是城市生态系统中主要的资金交流方式，是人类生产活动中逐渐建立的价值观念，以此来衡量人、物质及信息的价值。由于城市生态系统的动态特征，即产出与消费的不平衡、供给与需求的不协调，造成了物质价格在时空范畴的多变性，体现出金融流通方式的波动性。

3. 城市生态系统运行结构

城市生态系统的各要素是组成系统的基础，是系统运行结构的基本功能单元，我们将其称为生态元。各生态元之间通过相互联系、相互作用，行使着支持、生产、消费和还原的功能，形成了一个完整的系统。城市生态系统的生态元之间的联结，构成了一种链状的运行结构，链与链之间又耦合成为网状结构，最后由链与网、网与网之间相互作用耦合成为具有一定时间性的复杂的立体网络结构。因此，城市生态系统的运行结构是由元—链—网耦合而成的复杂运行体系。

（1）城市生态系统链状运行结构。

链状运行结构是城市生态系统各生态元的直接耦合，体现着系统内各生态元之间的物质流动、能量转化和信息传递等关系，它是城市生态系统运行的基础。城市生态系统中的生态元的链状联结方式同自然生态系统生态元的链状联结方式既有相同之处，也有不同之处。相同之处是两者在耦合方式上都可以是链状组合，而链状运行结构是系统运行的最基本结构。但由于城市生态系统是以人为主体的人工系统，其运行结构的内容与自然生态系统有较大的区别。

在自然生态系统中，各种类型各个级别的生产者、消费者和分解者通过摄食和被摄食的关系形成食物链，各种食物链相应组成食物网，将整个生态系统有机地组织起来形成一个环环相扣的系统。食物链和食物网的存在是生态系统正常发展的基础，也是物质能量信息传递的唯一渠道。但是在城市生态系统中，食物链只是把作为消费者的人类和城市动物、城市食品联系在一起，城市的大量组分却被排除在食物链之外。城市中的食物链在城市生态系统中只是传递了部分的物质、能量和信息，其结构不能代表整个城市生态系统的运行状况，对城市生态系统只起到部分作用。因此，城市中更多的要素是通过一种投入产出链或称价值链有机联系在一起的，食物链是城市生态系统中价值链的一种特殊形式。通过投入产出链和价值链，生态支持系统中的各种资源经过人类的劳动、生产、技术等手段，进入生产消费系统转化为可直接消费的产品，再通过消费，将产品或副产品（废物）回归到生态支持系统中去。如果从生态运行的功能分析，城市生态系统的链状结构由两条链组成，即一条主链和一条副链（见图1-10）。

广域环境和市区环境的各类资源经过人类的初步加工，生产出一系列的中间产品，再经深度加工成为最终的产品，而这些产品最终又回归到广域环境和市区环境，构成其组成的一部分，或为人类所消费。这一系列运行过程构成了城市生态系统的运行主链（马传栋，1995）。

在副链中，物质和能源等在转变为中间产品、中间产品转变为最终产品的过程中会产生一定量的废弃物。经重复和综合利用后，有价值废弃物返还主链，其他排泄到市区环境和广域环境。

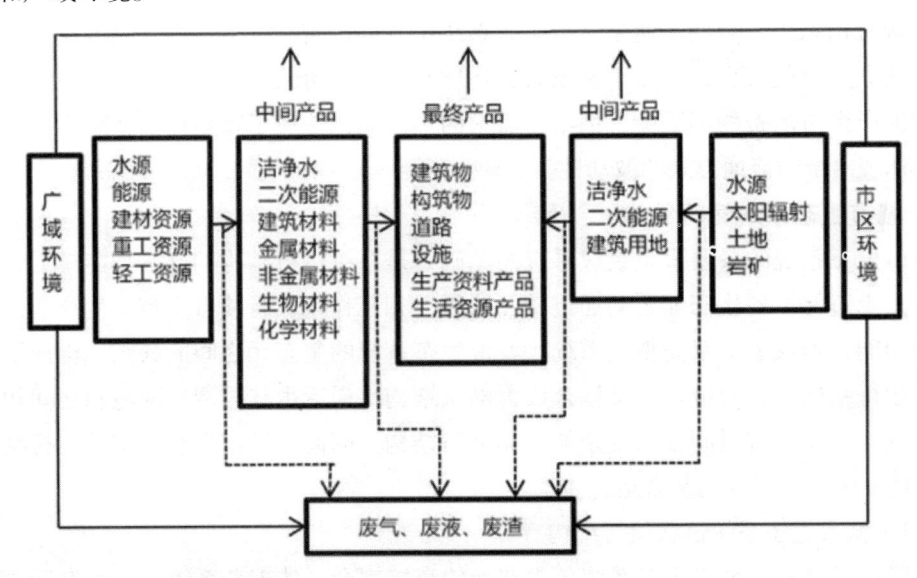

图1-10 城市生态系统的价值链结构

（2）城市生态系统网状运行结构。

同自然生态系统在发展中要使食物链成为食物网一样，城市生态系统在其结构的发展过程中，也会使各种价值链组合方式进一步相互联结，形成有新的内容的链状结构，最终使各个链状结构组合成错综复杂的城市生态系统网络结构，使城市生态系统的各个要素成为一个互相牵连的有机整体。

城市生态系统的网络耦合结构是由城市物理网络、城市经济网络和城市社会网络交织而构成的错综复杂的复合网络体系。城市物理网络包括自然网络和人工网络，如水网、交通网、基础设施网等，它们是城市各种生态流流动的主要渠道；城市经济网络中最重要的是由生产、流通、消费、还原等环节组成的网络体系，发挥着城市生产、消费、还原功能；城市社会网络中最重要的是由社会体制、行政组织等自上而下构成的组织网络体系，由其调控资源、资金、人力、物力等分配组合过程，调控整个系统的持续稳定发展过程。城市生态系统的网络结构作为一种复杂的网络体系，具有以下一些特点。

第一，城市生态系统的网络结构是自然网和人工网的结合。城市中特殊的地形、地貌、水文等构成了城市生态系统特殊的自然运行网络，如水网、山系等。在此基础上，构筑城市各种生态流的主要渠道——交通网。起着主动脉和发展轴作用的交通网制约着城市中工业、农业、商业、居住区布局和城市基础设施建设，于是形成了独具特色的社会经济网络。此外，人的社会关系（特别是生产关系）对城市生态系统网络的形成起着非常关键的作用。在城市中人类的社会关系的任何变动，如对城市土地、矿藏、房地产、水泥、原料以及建筑企业、工矿企业的所有权和使用权的任何变动，以及城市经济管理体制的任何变动等，都会对上述网络中的人口、能源、原料、环境、卫生、食品、教育、就业和经济发展各环节及其相互关系产生重大影响和作用，由此形成更加复杂的城市生态系统网络结构。因此，城市生态系统复杂的网络结构是人工网和自然网相结合的产物。

第二，城市生态系统是一种多维的立体网络结构。在城市生态系统复合结构的形成和演化过程中，各类生态链状耦合结构会进一步按因果关系耦合成为新的、更为复杂的链状结构或网状结构，最终交织耦合成为错综复杂的多维立体网络结构，如高层建筑、低层建筑、地下建筑的空间分布，输送各种生物流的线路、管道、道路在空中、地面和地下的纵横交错，各种生态流在多维立体网络中的流动、转化、传递和循环等，构成了一个立体的城市网络体系。

第三，城市生态网络的运行动力是生态位势差。每个生态单元在生态系统中都占据一定生态位，由此具有生态位势。不同生态元由于在质和量方面存在差异，导致相互之间产生生态位势差，从而形成一定范围的力场，在梯度力的作用下引起生态流沿生态网络流动。故生态流产生的三个条件是：作为源与汇的生态元、生态位势场梯度差异产生的作用力和作为连通渠道的生态网。城市发展过程中也存在显著的生态位，这种生态位的存在促使城市人流、物流、信息流、能量流、金融流产生流动。

（3）城市环境问题产生的生态学实质。

从城市生态系统的构成要素及相互作用来看，城市生态系统的结构和运行过程可用"流""网""序"三个方面来概括。城市生态环境问题的产生与存在是人类社会与自然环境间关系失调的结果，其生态学实质是城市生态系统的结构、过程和功能的失调。

"流"指各种生态流。城市生态系统运营的任何过程都是物质循环、能量流动、信息传递、价值形成的过程。通过这些连续的流，来维持城市的新陈代谢。很多城市环境问题的产生，都是流或过程失调的结果。在城市生态系统中，各种生态流总是从生态支持系统流向生活消费系统，再从生活消费系统流向生态支持系统，如果某一环节受阻，则会产生各种各样的环境问题。例如，生活消费系统中产生的废物流如果超过了生态支持系统的净化能力，则会影响废物流的运行速度，引起环境污染问题，同样，如果人口流过度集中，会造成交通拥挤、住房紧张等城市问题。因此，一旦"流"失调，则引起城市运行失调，从而引起环境问题。城市要健康快速发展，必须通过各种工程措施，尽可能提高各种流的运行效率。

"网"是城市系统整体和局部的运行结构,是城市生态流运行渠道。网络结构不合理或网络结构失调会影响生态流的运行速度和运行效率。例如,城市基础设施落后就无法保持城市"新陈代谢"的正常进行,产生如交通堵塞、水环境污染、垃圾污染等一系列问题。因此,城市网络运行结构的失调也会导致环境问题的产生。要使城市生态系统健康发展,必须统筹规划,避免条块分割的链式规则,建立合理的相互联系的流畅的网络运行结构。

"序"是指人的经营、管理和控制能力,一个和谐的城市生态系统必须具备良好的生产、消费和还原缓冲功能。自组织、自催化的竞争序,自调节、自抑制的共生序,离不开有效的、合理的、符合客观规律的调控机制,一旦调控机制失调,就会造成系统的无序和失衡。因此,要保持城市生态系统的结构和功能的正常运行,必须按照生态规律进行宏观调控和管理。

因此城市生态环境问题的实质是城市生态系统"流""网""序"的失衡,是系统结构、功能和过程的失调,通常表现为资源利用效率低下,系统关系不和谐和系统自我调节能力低下。而要解决这些问题,则须运用生态规划、生态工程和生态管理的方法,达到"流"的高效、"网"的和谐和"序"的完善。

二、城市生态系统服务

人类在对自然进行利用和改造的过程中,往往只注重自然资源的直接消费价值和市场价值,而忽略了生物圈和生态系统的生态效益及其价值。在利用经济杠杆来协调人类与环境的关系成为人类可持续发展重要措施的今天,改造社会经济体系、将生态系统服务的价值纳入国民经济体系中,成为日益关注的焦点。利用经济方法测度生态系统服务,将生态保护与经济发展结合起来,制定出符合理性的开发经营、利用自然资源的策略就成为可持续发展的基础。为此正确地评价生态系统服务成为关键,只有这样才能避免由于生态系统服务未完全进入商业市场或者没有将它与经济服务以及制造业资本进行过量化比较,在决策过程中往往不考虑它的权重倾向。

Daily(1997)主编的专著《自然服务:人类社会对自然生态系统的依赖》(*Nature's Service: Societal Dependence on Natural Ecosystem*)全面考察了生态系统对人类服务的特征类型以及河口、淡水森林、草地的生态服务,并分析了生态系统服务的经济价值测度方法,在实例研究的基础上进一步指出:地球的生命支持系统对人类的文明是至关重要的;对人类社会的福利有巨大的非市场体现的经济价值;而人类的活动已经在多种尺度上削弱了其服务;人类的技术只能少量地对此做出替代;现在如不进行有效的保护,未来几十年人类将影响改变自然生态系统服务而导致不可估量的整个人类文明的挫折。

同年,Nature 杂志发表 Costanza 等 13 位学者的论文"*The value of the world's ecosystems services and natural capital*"指出,生态系统和自然资本直接和间接地为人类的福利做了巨大贡献,整个生物圈目前所提供的生态系统服务价值为 16 万~54 万亿美元/年,年际平均值为 33 万亿美元/年，同期全球国民生产总值为每年 18 万亿美元。尽管此文对生态系统服务的估计方法还不十分成熟、范围还不全面，但是对提醒人们认识生态系统的服务、保护自然环境的意义是非常成功的。此后，研究生态系统服务成为可持续发展研究的重要组成部分，受到全世界各领域的普遍关注，特别是宏观生态学的关注。

（一）生态系统服务的定义与内涵

1. 生态系统服务的定义

生态系统服务研究在西方兴起的标志性著作《自然服务：人类社会对自然生态系统的依赖》（Daily 等，1997）中对生态系统服务给出如下定义：Ecosystem services are the conditions and processes through which natural ecosystem and the species that make them up sustain and fulfill human life（生态系统服务是支持和满足人类生存的自然系统及其组成物种的状况和过程）。可以看出，该定义强调三点：生态系统服务对人类生存的支持，发挥服务的主体是自然生态系统，自然生态系统通过状况和过程发挥服务。

1999 年，以 Daily 为首的从事生态系统服务研究的 11 位科学家在一个报道中，将生态系统服务的定义更加明确化，表述为：Ecosystem services refers to a wide range of conditions and processes through natural ecosystem and the species, that are part of them, help sustain and fulfill human life（生态服务意指通过自然生态系统及其物种作用的过程和广泛性的条件，或其中的某些部分作用，帮助其可持续性及人类生活的改善）。在前述三点的基础上强调了生态系统状况和过程的广泛性生物物种的生态系统性两个方面。

1997 年，Cairns 从生态系统的特征出发，将生态系统服务定义为：对人类生存和生活质量有贡献的生态系统产品和生态系统功能。该定义也指出生态系统服务对人类是有贡献的，生态系统服务体现的主体是产品和功能。该定义尽管与 Daily 的表述有所不同，但基本实质是一致的，即生态系统服务是对人类有支持性的自然生态系统状况和过程。

1999 年，中国学者董全在综述生态系统服务研究概况的时候，将生态系统服务定义为：自然生物过程产生和维持的环境资源方面的条件和服务。该定义暗含了生态系统服务对人类生存的支持，同时指出是自然过程产生和维持的，并通过环境资源的条件和服务对人类社会起作用。

综合上述定义可以发现，生态系统服务是指自然生态系统及其组成物种产生的对人类生存和发展有支持作用的状况和过程。也就是自然生态系统的结构和功能的维持会生产出对人类的生存和发展有支持和满足作用的产品、资源和环境，称为生态系统服务。

2. 生态系统服务的内涵

满足和支持人类生存和发展的自然生态系统状况和过程是多种多样的。Costanza 在 1997 年发表于《自然》（*Nature*）杂志上的文章中曾把它们归纳为 17 类，Daily 则在其专著中将其归纳为 15 类，董全探讨分析为 11 类。综合起来，主要包括：自然生态系统的产品生产、生物多样性的产生和维持、气候气象的调节和稳定、旱涝灾害的减缓、土壤的保持和肥力的更新、空气和水的净化以及废弃物的解毒与分解、物质循环的维持和稳定、农作物和自然植被的授粉及其种子的传播、病虫害暴发的控制、人类感官心理和精神的益处、人类文化的发育与演化等方面。

（1）自然生态系统的产品生产。

人类一直在从自然生态系统中生活和生长的动植物中获取用于福利的有机物质，这些自然产品直接进入人们的生活之中，为人类所熟知，成为生态系统的产品类服务。水生生态系统中，世界范围内水产为人类提供约20%的动物蛋白；在沿海地区，水产动物蛋白占总蛋白来源的比例还要高；在亚洲和非洲，20%以上的人口水产消费作为最基本的蛋白来源。陆生生态系统中，草地、森林是人类商品的重要来源。草地是畜牧业的基地，畜牧为人类提供了肉奶毛皮等产品和运输等劳役。草地是许多野生动物的栖息地，这些野生动物为人类提供许多产品并成为娱乐性狩猎的重要对象。自然森林为人们提供了许多食品，如水果、坚果、菌类、蜂蜜、调味品、药材等。自然森林生产的木材广泛用于家具、建筑、艺术品、工具、纸张衣料及其他许多生产和生活资料。全世界约15%的能源消费是由薪柴和其他一些植物来提供，在一些发展中国家，近40%的能量消费是由生物量来提供。森林还为工业生产提供了许多原材料，如橡胶、染料、胶类、植物油、杀虫剂以及许多天然化合物。

（2）生物多样性的产生和维持。

生物多样性是指从基因到景观各种层次生命形态的集合。生物多样性在自然生态系统中产生和维持，是生态系统为生命有机体提供了多种多样的环境和机遇事件，使其在独特的路线上发生和发展。尽管，近年来以物种数目为基础的生物多样性保护大大地影响了整个生物保护的效果和进程，但是生物多样性只有通过种群存在的群落以及群落存在的生态系统的保护，才能得到有效的维护，并为人类提供福利。生物多样性存在的价值已被世界所认可，如食物资源的潜在性、同一物种不同种群间基因多样性对不稳定环境的适应意义、优良农作物品种的基因库意义、人类医疗药品的主要来源等。生物多样性必须在生态系统甚至更大尺度层次上才能得到保护，可以说生物多样性的价值在很大意义上就是生态系统的服务。生态系统功能的下降对生物多样性价值下降的影响是根本的。

（3）气候气象的调节和稳定。

自然生态系统在全球、区域、流域和小生境等不同的空间尺度上影响着气候和气象形式。大气成分格局既是生态系统演化的结果，也是生态系统稳定的基础。例如，O_2的浓度决定着地球上氧化过程的发生和强度，生物氧化过程是生物体维持体内新陈代谢和生存必不可少的，同时物质的生物地球化学循环在生物层次生态系统层次、区域和全球层次上都受制于O_2的浓度，其微小的变化会使整个地球生命过程和状态发生显著的变化，生态系统的稳定和大气成分的稳定是互为基础的。

自然生态系统在一定程度上减缓极端的或灾害性的气象气候现象，在区域和流域范围内植被影响温度、云量、雨量，从而影响地气热交换系统，使极端的气象现象变得缓和；在更小的尺度上，林区内森林创造的小气候为许多生物生存提供了可接受的条件。

CO_2浓度的稳定对地表温度的稳定作用非常清楚，生态系统是CO_2浓度重要的稳定调节器，通过不同时空尺度的生物过程吸收和释放CO_2，使它的浓度相对稳定，维持着地表热量的动态平衡。人类开发化石能源所释放的 CO_2 和不合理的扰动自然生态系统所释放的 CO_2 已使得其浓度上升，影响了地球的热量平衡，进而影响到地表的气象和气候。

尽管全球和区域性的气候被认为更多地与太阳热量的输入、地球轨道的变化、地球本身的突然震动（如火山喷发）以及诸如喜马拉雅山隆升等有关，但是自然生态系统在一定程度上对极端和灾害性的气候气象的减缓是有意义的，自然生态系统的破坏往往使气象气候的极端性增强。

（4）旱涝灾害的减缓。

自然生态系统对水分的调节功能受到重视。淡水供应量和稳定性是关系国计民生和人类社会日常生产和生活的大事。淡水源于降水，水分从空中进入地表，有很大一部分首先被植被和土壤所吸持，然后逐渐释放到空中和溪流中，这一过程减缓了水的流速，防止大量降水快速集中地汇入下游，形成洪涝灾害。雨季后，植被和土壤中保持的水分逐渐流出为下游河流供水。植被还从地下吸收水分，通过叶片的蒸腾作用把水分释放回空中，增加局部降雨和区域水分循环，植被的破坏和去除会改变局部的水分循环过程，大大增加地表径流和水土流失，使土壤养分和土壤颗粒在内的物质汇入河流，导致水质混浊恶化，河道泥沙淤积，湖泊水库的调蓄水能力下降。在许多地区，特别是热带和亚热带地区，过度的森林砍伐已使水旱灾害越来越频繁、越来越严重。湿地生态系统在洪涝灾害的减缓中有不可忽视的作用，泛滥平原的森林和高地的沼泽减缓了洪水的下泻，削减了洪峰和沉积了土壤颗粒。保护湿地生态系统，即保护湿地的植被、土壤以及自然格局，将大大降低洪水威胁的严重程度。密西西比河流域 1993 年的研究结果显示，相对小的湿地的保存可较大程度地抑制洪水的程度。1998 年，中国长江全流域洪涝灾害的形成与中上游植被破坏及中游湖泊减少而导致的水源涵养能力下降和水土流失加剧有密切的关系。

（5）土壤的保持和肥力的更新。

土壤是自然生态系统的重要组成结构，在植物的生命周期完成过程中，土壤是发育的场所和养分的保存库。没有土壤，植物的发芽、生根、开花、结果就失去了支撑；没有土壤微粒对营养物质的吸附，自然生成的肥力和人工所施的肥料将很快丧失殆尽。土壤中大量的微生物将自然的和人为的废弃有机物还原为无机化合物，使其降解和无害化，最终作为营养物质返回植物，使物质循环在生态系统层次上得以顺利而有序地进行。土壤中氮、碳、硫在生物地球化学循环中有十分重要的作用，土壤中碳的储量是全部植物中碳储量的 1.8 倍，土壤中氮的储量是植物中的 19 倍。土壤的破坏意味着植物失去合适的生存环境，营养得不到充分的供给，物质循环的模式发生变化，整个生态系统发生改变甚至崩溃。

土壤的破坏意味着当地居民失去最为基本的财富。世界历史上，肥沃的土壤是古代早期文明的孕育者，同时许多古代文明也因土壤生产力的丧失而衰落。土壤是国家和地区财富的重要组成部分，保持土壤及其肥力，意味着耗费较少的人工及化肥而获得相当的产量。

（6）空气和水的净化以及废物的分解。

生态系统的净化作用包括植物对大气污染的净化作用、土壤—植物系统对土壤污染的净化作用、水生生态系统对水体的净化作用，以及土壤—微生物系统对固体废弃物的分解作用。

绿色植物净化大气的作用主要有两个方面：一是吸收 CO_2，放出 O_2，维持大气化学成分的稳定；二是植物在生长期内，通过吸收而减少空气中的硫化物、氮化物、卤素等有害物质的含量。SO_2 在有害气体中数量最多、分布最广、危害较大，一般生长在 SO_2 污染地区的植物叶中硫的含量比周围未污染区域的同种树叶高 5~10 倍。只要不超过一定的限度，植物不出现伤害症状，植物为大气的天然净化器。植物对粉尘有阻挡、过滤和吸附作用，其减尘、滞尘效果可以使空气得到某种程度上的净化。

土壤污染的隐蔽性、严重性和不可逆性受到普遍重视的时候，土壤—植物系统对土壤有机污染物、部分无机污染物、化学肥料污染物的吸收降解及无害化作用被发现，生物生态措施成为土壤污染治理的重要措施之一。

人类每年产生废弃物约 1.3×10^{11} 吨，其中约 30% 源于人类的不合理活动，包括生活垃圾、工业固体废弃物、农作物残留物以及各种家畜的有机废物。有幸的是，自然界的一系列还原者，特别是土壤中大量的微体生物和微生物在获取能量的时候将复杂的有机大分子还原成无机小分子，使废物发生转化。

（7）物质循环的维持和稳定。

自然界的碳、氮、磷、硫循环以及水循环是地球表层最基本的物质运动过程，现在适合于人类居住的环境和条件是地球生物发展演化史的结果，其时、空、量、构序的维持与稳定是人类赖以存在和发展的基础，但是人类活动对这些物质循环过程或多或少地产生了影响，碳、氮、磷、硫、水的"汇—源—流"格局的变化和转换已引起了人类的普遍不安，温室效应、大气污染、水旱灾害等数量增多和强度增大，均与物质循环格局紊乱有关。生态系统物质循环的维持和稳定功能为人类提供了强有力的服务，人类通过技术减轻温室效应、大气污染、水旱灾害以替代被破坏的生态系统功能的效用是局部的，而代价是巨大的。

（8）农作物和自然植被的授粉及其种子的传播。

很多有花植物的繁殖过程需要动物协助来传粉方可完成，有些植物甚至需要特殊的传粉动物来完成，许多农作物也不例外。许多动物主要是野生动物为农田、草场、菜园、森林的植物提供了传粉的服务，包括蜂、蝇、蝶等昆虫、蝙蝠和鸟类。这些物种的减少和种群数量的下降会给农业带来很大的损失。植物不但依赖动物传授花粉，许多种类亦需要借助动物传播种子，完成播种过程。例如，松子的发芽率高低取决于鸟类的嗑出率；还有一些物种种子发芽的先决条件是通过动物的消化道。许多植物分布区的扩大和局部种群的恢复都取决于这些传播因子，森林类型的物种更是如此，因此在生态恢复日益迫切的今天，自然生态系统的这一服务显得更为重要。

（9）病虫害暴发的控制。

昆虫、线形动物、软体动物、真菌、病毒和鼠类会感染和取食农作物，倘若这些生物的数量很高,就会造成危害,影响农作物的收成;农田杂草与作物竞争光、水分和土壤养分,减少作物收成,危害农业。据统计,每年有25%~50%的农作物生产损失于有害生物。生态系统中的这些有害生物受到天敌的控制,维持在一个相对稳定的水平,天敌是由生态系统的状态和过程来供养和维持的。农药对病虫害的控制在杀伤害虫的时候也杀伤了天敌,使害虫—天敌系统受到破坏,平衡打破,形成病虫害的大暴发。同时害虫的抗药性增强,不得不加大农药的使用量,控制害虫的时候也引发了人的病理性反应,损害人体健康。农业系统抵抗力和稳定性的下降,除农业生态系统本身的问题以外,与自然生态系统不能有效地提供诸如害虫的天敌等也有很大关系。强化生态系统控制病虫暴发的服务可为人类挽回巨大的经济损失。

(10)人类感官心理和精神的益处。

人类在长期的自然历史演化过程中,形成了一种与生俱来的对自然的情感心理依赖和欣赏享受自然的能力。自然常常能触发人类感官—心理—高层精神追求的活动,使人们在整体上、人格上升华。尽管我们对这种人与自然的关系还不是很清楚,对其中部分还很难说明和形容,但是人类普遍对这种现象有所体验。自然的心理效应曾被进行总结,归纳出97种与自然相联系的人类活动,这些活动可以产生49种感官满足。例如,自然可以激发许多因长期室内生活弱化了的感觉,其中包括味、色、声、形、电磁、温度、季节、距离、方位、空间、时间、重力、运动、平衡、饥渴、疲惫、激素吸引、意识和整体性等,这些感觉和许多自然中的非文字性、非逻辑性以及非判断性经历会进一步导致许多有益的情感,包括高兴、温暖、兴奋、自由、满足、感恩、爱、平和、热情、责任、群体等。单调的室内生活往往使人们的上述感觉情绪得不到开启,使人的神经系统中情感流通整合的渠道和机制得不到开发,并使人格扭曲,造成心理病态。当前70%的疾病与精神紧张和压抑有关,而在自然之中,病态的病因来源和强度大为减少,生理和心理的康复得以顺利。在自然之中,相对和谐的草木万物,有助于人的身心整体健康,不求回报的对自然的爱心有助于社群行为的改善。自然生态系统的这一无形的服务是巨大的。

(11)人类文化的发育与演化。

各种独特的动植物区系和自然生态系统在漫长的文化发展过程中,塑造了当地人们特定的行为习俗和性格特征,决定了当地的生产和生活方式,孕育了各具特色的地方文化。一方水土养一方人,自然生态环境深刻地影响着人们的美学倾向、艺术创造宗教信仰等。多种多样的地方生态系统养育了文化精神生活的多样性,具有人类演化意义上的适应性。自然给人类的精神启迪和在人的文化生活中的重要性是无比宝贵的,也是不可替代的,城市家庭中设法营造一种自然的情愫已经成为提高生活质量的重要途径之一。

(二)生态系统服务的特点

1. 生态系统服务与生态系统功能

生态系统功能是指生境、生物学性质或生态系统过程,包括生态系统的物质循环、能量流动信息传递以及生态系统本身的动态演化等,是生态系统本身的存在所具备的基本性质,不依人的存在而存在,只是在人类干扰后发生一定的胁迫反应。生态系统服务是指生态系统的条件和过程提供给人的商品和服务，代表着人类直接和间接地从生态系统中得到的利益。生态系统功能是生态系统服务的基础。例如，大气中 CO_2—O_2 平衡的调节服务是以生态系统演化过程中所形成的碳循环过程为基础的，对灾害的减缓服务是由生态系统对环境波动有一定的容量、衰减和中和的功能而实现的，食品生产是由生态系统的初级生产用于生命的维持和物种的维系过程而实现的，害虫控制服务是由生态系统的营养动力学功能提供的，可以说生态系统服务的每种形式都有生态系统功能作支撑。

生态系统功能和服务并不一一对应，在有些情况下，一种生态系统服务由两种和两种以上的生态系统功能所共同产生；在另外一些情况下，一种生态系统功能可提供两种或多种服务，如生态系统的水分循环功能提供水供给、水调节、控制土壤侵蚀、减缓旱涝灾害等服务，土壤肥力维持和更新的服务则由生态系统中碳、氮、磷的循环、营养过程等提供。

生态系统功能之间的相互依存性，即系统性的存在使生态系统服务之间也存在相互依存性，生态系统的初级生产常常与碳、氮等的固定相互耦合，不可分割，由此生态系统服务中的产品生产和土壤肥力更新之间也相互耦合。事实上，生态系统服务的各种形式之间形成了多种相互关联的模式，气体成分的调节伴随气候的调节，水分的调节与土壤的保持相依存，水分的调节与土壤肥力的保持和食品生产功能相关联。

2. 生态系统服务与生态系统健康

从生态系统的观点出发，一个健康的生态系统是稳定的和可持续的，在时间上能够维持它的组织结构和自治，也能够维持对一定胁迫后的恢复力。生态系统健康水平可以由活力（vigor）、组织（organization）和弹性（resilience）三个指标来衡量（D. Rapport，1998）。活力表示生态系统的功能，可用新陈代谢率和初级生产力来测量；组织结构根据系统组分间相互作用的多样性及数量来评价；弹性（恢复力或抵抗力）根据系统在出现胁迫时维持系统结构和功能的能力来评价。

健康的生态系统能够提供维持人类的各种生态系统服务，如食物饮用水、清洁空气、废弃物循环灾害减缓等方面。如果一个生态系统的健康水平受到损害，生态系统的服务也将减弱甚至消失。例如：一个受损的陆地生态系统会出现过分的侵蚀、肥力的丧失、水文的反常、某些物种非经常性的数量大暴发或莫名其妙的局域性灭绝、农林产品质量的退化等。

尽管人类历史一直在依靠生态系统服务的状况下演进，但是人类在过去很长一段时间内并未意识到生态系统服务对人类生产和生活的重要性，主要是人类活动对生态系统的影响仍然在生态系统健康范围之内，生态系统服务没有衰退。随着人类影响的加剧，许多生态系统的健康受到侵害，服务功能下降，反过来影响到人类的生存和发展的时候，生态系统服务才得到关心。事实上，生态系统服务要求生态系统必须维持必需的、最低的内部结构水平、活力水平和弹性水平，也就是一定的生态系统健康水平。目前，许多学者都强调生态系统的健康性对生态系统服务的重要性，使"什么样的生态系统健康水平能够保证正常的生态系统服务"成为生态系统服务研究的一个大问题。

3. 生态系统服务与人类的技术

人工系统的服务是有限和局部的，自然生态系统服务的绝大部分不可能被技术所替代，因为自然生态系统在非常广泛的尺度上，通过非常复杂的方式运动，人类对其的了解还仅仅处于浅表的观察分析阶段。

迄今为止，花费最多的生态学研究项目——生物圈 2 号实验，给了人们如下提示（J.B.Cohen，1999）：①建设投资花费 2 亿美元，另加几百万美元的运转费用，且在无限制的能源和技术供给的情况下，占地面积 $1.30 \times 10^4 m^2$，体积为 $2.04 \times 10^5 m^3$ 的封闭系统，仍不能造就一个接近自然的生态系统，为里面的 8 个人提供 2 年使用的食物、空气和水分。②这个系统中，结构和功能的模式发生了很大的变化，主要表现在物质循环模式的改变上，CO_2 的浓度升高，氧化还原状况发生了变化，空气中 N_2O 浓度升高，成为人类生存的巨大危害，还有其他许多生物地球化学过程发生了意想不到的紊乱。③许多传粉动物纷纷灭绝，依靠这些动物传粉的植物失去了生存的机会。④系统内的光、温、湿并没有设计得那么好，温度大幅度提高，光强却出奇的低，湿度调节也趋于失败。⑤水的富营养化严重地污染了整个系统，最终失去了人类生存的基本条件。生物圈 2 号实验告诉我们：人类用现有的技术代替自然的生态系统服务是不可能的，不通过自维持的自然生态系统来获取生态系统服务的尝试是失败的。

尽管通过对自然生态系统的鼓励和模仿，人工的生态系统服务也能部分替代自然生态系统的服务，但是只能在小的时空尺度上起作用，对绝大部分的服务人工的生态系统还无法提供。例如，"人工光合作用"虽然一直引人注目，但至今没有成功，预计在最近一段时间内也很难有所突破；生态系统的废物分解功能仍不能通过技术进步来取代，废物的前处理只是减轻了自然生态系统分解废物功能的压力，最终还得通过自然生态系统来分解废物。

人工管理的生态系统虽然能更有效地提供一些服务，表现出集约性高的特征，但与自然生态系统相比，其多样性较差。例如，湿地转换为农田，尽管生态系统的市场产品产出增加了，但是以牺牲原有湿地生态系统的调节水循环、保持生物多样性、稳定物质库的作用为代价的，其中的一些损失是技术无法补偿的。再如，人们长期利用河流处理废物，依靠河流中的微生物降解有机化合物，同时将这些物质远离人群，然而河流生态系统降解和转移废物的能力常常由于人们的使用过度而崩溃，其生物学完整性受到损失，河流不再提供诸如饮用水供应、渔业生产等其他生态服务。

4. 生态系统服务与人类活动

自从工业革命以来，人类对自然的影响广度和深度都有了前所未有的扩展，不受人类影响的生态系统已经越来越少，生态系统的服务在不同尺度上受到了不同规模的损害。

局部区域的土地在持续地退化，特别是一些开发历史较长的农田，现在不得不以持续增长的化学肥料来维持产量，不得不以持续增长的杀虫剂来控制害虫，土壤肥力更新的能力逐渐在减弱甚至消失，这样一种农业形式也加剧了农业的面源污染，更大地扩展了对自然生态系统的破坏。在流域水平上，诸多大江大河流域，由于天然植被的砍伐，保持水土、调节水循环的能力大幅度下降，旱涝灾害的频度和强度在加大，天然林被砍伐、被改造的过程中，人工林、次生林的培育，降低了森林生态系统的服务能力，大面积的纯林在水土流失的防治和病虫害的抵抗方面，能力是不足的。诸多天然湿地被围垦，其第一性生物生产力被减弱，调节水循环、稳定碳循环的功能减弱，生物多样性减少，诸多物种灭绝。人类不合理的活动，草地荒漠化、荒漠沙漠化在加剧，亚洲、非洲沙漠荒漠地区面积都在不停地扩大，农牧业的生产潜力受到削弱，许多居民的贫苦状态难以改变，生态难民时常出现。水域生态系统受到污染的状况不容乐观，人类密度较大的内陆水体普遍受到不同程度的污染，经济发达的沿海水域污染的程度在加剧，水域生态系统服务普遍受到威胁，部分水域的渔业功能近乎枯竭。人类对生物生境质量的破坏和空间上的破碎化，导致生物物种的灭绝速度加快到自然灭绝速度的1000倍，许多生物物种人类还没有认识它就已经在地球上消失了，特别令人担忧的是生态系统关键物种的消失，将引起整个生态系统功能的紊乱。全球变化中，温室气体的变化与人类对自然生态系统的不合理开发有关，如地表覆盖的变化直接影响自然界碳的生物化学循环过程。

这些不同尺度、不同规模的生态系统服务的损害，人为因素占了很大的比例，不思考这些人为影响，人类文明赖以存在的生态系统服务将无法维系。

5. 生态系统服务与生物多样性

多种水平的生物多样性对支持生态系统服务的重要性，已经受到了重视，特别是物种多样性的支持作用，已经得到认可。物种的数目及其种类决定着生态系统的特征，这些特征又影响着生态系统的过程。物种的数量和种类特征可以直接或间接地影响物质和能量流动的形式和调节其速率，进而影响生态系统的服务功能。关注的物种多样性要素为：物种数、相对丰度（种的均匀度）、关键种存在、种间相互关系，以及这些要素的时间空间变异。物种安排实验表明，随着物种多样性的提高，系统的初级生产力提高；微生物物种多样性提高能够提高土壤中有机物质的分解能力；特别种的存在对生态系统功能及服务都是至关重要的，森林草地上的固氮植物就是明显的例子。物种多样性变化导致生态系统空间分布格局的变化、时间节律的变化，以及群落小气候的平缓化等都已得到实验的证实。较高物种多样性的系统对生态入侵的抵抗性对不同形式干扰的抵抗力都比较高。必要的物种多样性对支持生态系统的服务是必需的，系统中物种多样性的丧失，意味着生态系统功能的减弱和生态服务数量和质量的降低。

6. 生态系统服务的受损后恢复

受损的生态系统服务在适当的时机、采取适当的方法是可以恢复的。生态系统服务的受损是生态系统功能受损的直接后果。系统生态学将生物有机体及其物理环境视为一个整体，研究其能量和物质的运动规律及其控制过程。同时，近年来强调种群动态、群落动态在生态系统动态中作用，使得生态系统受损机制、受损过程得到了初步认识，伴随而起的恢复生态学方兴未艾。恢复生态学的一个重要目的，就是将一个受到干扰的生态系统的结构和功能尽可能地恢复到与干扰之前相似或接近的状态。尽管生态恢复与重建的理论、技术和方法还有很多需要认真探讨，但是从已有的成功实践来看，生态恢复是完全可能的。人类活动废弃地的恢复，包括工矿废弃地恢复、垃圾处理厂等在欧美发达国家已经实施，退化生态系统恢复也已取得初步成果，如中国热带亚热带退化生态系统的植被恢复。生态系统功能的恢复意味着生态系统服务的恢复，恢复后的生态系统一般有较高的生物多样性、较稳定的物质循环模式、相对稳定的第一性生产力，以及与环境相匹配的生物学过程。这样为人类提供福利的生态系统状况和过程也得到了保证，物质生产、环境调节、病虫害控制生物多样性维持等也得到了充分发挥。

7. 生态系统服务的生态经济特征

生态系统服务是产生和增进人类福利的一个重要资本，在人类社会经济生活中发挥着巨大的作用，在社会经济过程中显示出一些与自然资源相类似的生态经济特征，可以总结为整体有用性、空间固定性、用途多样性、持续有用性、公共产品性和破坏后的负效应性。

（1）生态系统服务的整体有用性。生态系统服务不是单个或部分要素对人类社会有用，而是各组成要素综合成生态系统之后才起作用。以森林生态系统为例，其生态服务表现在改良土壤涵养水源、调节气候、净化大气、美化环境等方面，这是森林中的林木、野生动物、土壤微生物等综合成一个有机的森林生态系统之后所表现出来的，而非单个要素所能表现出来的。

（2）生态系统服务的空间固定性。生态系统服务在一个特定的地理区域内形成，尽管在一定程度上向外辐射，惠及其他区域或者全球，但是绝大部分生态系统服务还是在一定地理区域内发挥作用，具有明显的地域性特征，或者称为空间固定性。

（3）生态系统服务的用途多样性。生态系统服务的内容种类都比较多，同一生态系统往往表现出较多的服务种类。例如，森林生态系统在提供木材产品的同时还表现为改良土壤、涵养水源、调节气候、净化大气、美化环境、保持生物多样性等。湿地生态系统的调节水循环、固定CO_2、废弃物分解与转换保护生物多样性、文化娱乐等也都是同时表现出来，显示出同一生态系统的多种多样服务。

（4）生态系统服务的持续有用性。生态系统服务是生态系统功能过程和结构过程中支持和满足人类生存的部分。人类如果正确适度、合理地使用这些服务，生态系统将能够持续不断地供给这些服务，人类可以长期永续使用，不会因为使用而丧失。但是如果人类过度、不合理地从生态系统中攫取某一类型的服务，最终所有的生态系统服务将减少甚至消失。

（5）生态系统服务的公共产品性。生态系统服务不能离开具体的生态系统而存在，也不能离开具体的环境而进行。虽然某一生态系统有可能是有所有者的，但它所产生的生态服务可以超出所有者的控制范围，而使其失去控制力；再者，生态系统服务常常不具有保存性，服务发挥是公共的，生态系统服务对整个人类或者至少是区域人口的福利是重要的。也就是因为这一特征，使生态系统服务维持的必须性与"公共产品的悲哀"之间的矛盾必须有效地解决。

（6）生态系统服务破坏后的负效应性。人类在生态系统投入越来越多的劳动和物资的时候，如果投入不当就会使生态系统合理的结构和完善的功能受到破坏，当生态系统的健康状况发生恶化时，会表现出对人类的负效应性。最明显的例子就是环境污染导致的人类免疫功能下降。环境污染本质上就是对生态系统净化废弃物以及物质循环服务的过量和不当使用造成的。

（三）生态系统服务的保护与调控

1. 生态系统服务保护面临的挑战

生态系统服务作为一个科学的概念已经进行了一些探索，但是对生态系统服务存在的内在运行机理，特别是其生态过程以及生态系统服务在整个人类社会系统中的运行机理和过程等，人们尚未认识清楚，仍在自觉和不自觉地影响着自然生态系统的服务而不能明确估计其后果，对已经有所损失的生态系统服务，人们也仅仅是感受到了其后果，对其恢复措施和方法仅仅进行了初步的尝试。可以说对生态系统服务的粗浅认识，制约了生态系统服务的保护。生态系统服务尽管是一个抽象的概念，但几乎涉及生态学研究的各个领域，甚至每一个结构层次的分支生态学都在探讨与生态系统服务相关的问题，因此生态学诸多领域研究的更进一步深入和一些重大科学问题的阐明会对生态系统服务的保护有重要的推动作用。

时空尺度影响下的生态系统服务与人类生活范围的不对称性，限制了公众对生态系统服务的理解。生态系统服务中有些是区域性的，有些是全球性的，区域性的破坏会引发全球性的后果。那么对某一区域的公众来说，只有当其眼前的并且是对实际生活具有直接影响的生态系统服务受到损害时，才会引起对生态系统服务保护的重视。生活在流域上游林区的公众对森林作为木材生产基地的重要性的认识远大于对森林作为水源涵养林、保护下游免受旱涝灾害的重要性的认识。热带雨林地区的居民对热带雨林吸收 CO_2 稳定大气成分、减轻温室效应的生态服务并不在意，因为其后果是全球性的，而不会对当地居民构成明显影响，只有砍伐森林造成大面积的水土流失、自然灾害频繁、工农业生产受到危害时，森林保持水土的能力才会引起人们的重视。只有对草原的破坏导致大面积的沙漠化，影响畜牧业生产时，草原居民才会重视草地生态系统服务。而城市居民对发生在内陆的土地荒漠化并未认识，而只认识到城市水污染和空气污染的严重性，以及单调的景观导致的乏味的生活状态。可以说，由于生态系统服务尺度问题的存在，使生态系统服务的保护变得困难，服务尺度与生产尺度的时空不对称性，影响了保护的有效进行，发展有效的生态系统服务保护转换模式是当务之急。

生态系统服务只有在缺损的时候，才会被公众所体会，而等到这个时候，往往其恢复的难度已经很大，甚至很难再恢复了。生态系统服务一直以一种悄悄的方式为人类的福利作贡献，在人类未大范围和重程度地影响到生态系统的时候，巨大的生态服务不会被察觉，也谈不上保护，这一状态在世界范围内并无显著改变。检查生态系统服务缺失过程中的人类行为，是保护生态系统服务并为太晚的重要策略，预警生态系统服务的危机是生态系统服务保护的前提，有效地预警生态系统服务的危机已成为生态系统服务研究的关键。

贫穷是生态系统服务保护的最大障碍，生活在温饱水平以下的居民，无节制地使用自然生态系统、对其进行破坏性的开发和使用似乎是必然的，贫穷的地区和贫穷的人口对生态环境质量的重视程度很低。生活在亚马逊热带雨林区的居民对砍伐森林、开垦土地、提高收入的积极性远大于其对富有的人所倡议的保护热带雨林的兴趣。财富的不合理分配严重地限制了带有全球性的生态系统服务的保护，当自己以大量的生活消费破坏着生态环境的环境保护者大呼贫穷国家人口减缓经济发展、保护环境的时候，其号召力是有限的，在世界范围内达成一个诸如减缓温室气体效应的方法共识并付诸实践是目前全球性生态服务保护中的重要任务。

生态系统服务作为一种自然资本在全球和区域的国民经济运行中，起一种资本性的作用，但还未被纳入国民经济统计和国民经济决策之中。尽管从1986年开始，世界资源研究所和国际环境与发展研究所合作，逐年提供《世界资源》，客观而及时地提供世界资源环境的现状和趋势，帮助许多国家制定国民经济发展战略，但是在全球和区域的可持续发展的经济决策体系中，生态系统服务并未受到重视，严重影响了生态系统服务保护的自觉性。

生态系统服务保护面临的挑战与可持续发展面临的挑战几乎一样多，只有通过全球人类的通力合作，通过自然科学和社会科学综合研究，才能有效地解决生态系统服务保护中的许多问题。

2. 生态系统服务保护与调控策略

生态系统服务对于地球的持续使用和人类社会的可持续发展起决定性的作用，必须努力加以保护。通过人们对生态系统服务的研究，可以看出生态系统服务的保护与调控既与科学技术进步有关，也涉及民众意识、政府制度经济政策等，在掌握科学规律的基础上，制定出科学的行动指南并付诸实施是生态系统服务保护和调控的基本途径。

（1）科学研究方面。认识生态系统服务的特征、演变规律、运行机制，探讨生态系统服务纳入社会经济运行的方法，分析人类活动与生态系统服务之间的关系，利用生态学、经济学、社会学、管理学等原理提出恢复维持生态系统服务的方法。

（2）民众意识方面。在基本的生活满足之后，要培养环境意识，促进公众对环境问题的认识和支持解决环境问题。现在公众行为已经成为生态系统服务保护的重要力量，如63%的美国人是环境主义者，解决环境问题得到了美国公众的一贯支持。许多国家的企业和公司打出绿色旗号，努力做到向环境输出的物质和能量无损于环境功能的低物质化（dematerialization），即降低工业生产过程中物料和能源消耗已经成为一种趋势。

（3）政府制度方面。在生态系统服务的保护中，政府的作用是巨大的。很多国家建立了资源环境管理机构，已统筹规划和协调有关环境资源保护的方针政策和立法，用法律和法规对全民进行约束。国际上，通过多种形式的环境与发展大会，号召各国在环境保护与持续发展领域建立一种崭新的、公平的全球合作伙伴关系。在国际商业领域，各国纷纷颁布生态标志产品，如"欧盟产品生态标志计划"、美国的"能源之星"、加拿大的"环境选择"、新加坡的"绿色标签"、德国的"蓝色天使"等促进了绿色产品的设计、制造和消费，促进了人类与自然的和谐，减轻了人类活动对生态系统服务的破坏。

（4）财政经济方面。将环境问题纳入现行的市场体系和经济体制中，并结合政府的规章制度制约人们破坏环境的行为，具体到生态系统服务就是将生态系统服务划价，在经济发展的政策制定中将生态系统服务作为一项重要的资本，进行损益分析，综合决策。建立绿色国民经济核算体系，摒弃短期直接利益，保护长远共同利益。

生态系统服务的保护需要有关生态系统服务的科学知识和科学技术的支持，同时需要公众的积极支持、政府规章制度的全民制约、财政经济体制的引导，才能有效地保护生态系统服务，促进可持续发展。

三、城市生态承载力

（一）城市生态承载力的概念

承载力（carrying capacity）最初是工程地质领域的概念，其本意指地基的强度对建筑物负重的能力，1921年，承载力一词被转引到生态学领域，以自然生态系统为研究对象，形成了种群承载力概念，指某一环境条件下承载基体所能维系的承载对象的数量阈值。1995年著名经济学家Arrow和其他知名学者在Science上发表的 Economic growth, carrying capacity, and the environment 作为承载力研究的一个重要标志，此后有关承载力的理论研究和实证研究大量出现，其中承载力的定量评价方法和驱动机制是热点领域。其后，随着社会经济的发展、资源环境问题的日益突出，以及人们对生态环境问题认识的逐渐深入，相继出现了资源承载力、环境承载力和生态承载力的概念。

生态承载力（Ecological Carrying Capacity，ECC）是指生态系统的自我维持、自我调节能力，资源与环境的供容能力及其可维育的社会经济活动强度和具有一定生活水平的人口数量。对于某一区域，生态承载力主要强调的是系统的承载功能，而突出的是对人类活动的承载能力，其内容包括资源子系统、环境子系统和社会子系统。现今有关生态承载力方面的研究主要集中在评价方法、评价模型等。其中，生态足迹模型在生态承载力评价研究中应用的十分广泛，很多学者在不同区域、研究尺度中进行了应用，并不断进行修正、改进和拓展；20世纪80年代创立的能值分析方法，在生态承载力评价中得到广泛的运用；王家骥等在2000年使用自然植被第一性生产力模型对黑河流域生态承载力进行了估测；毛汉英等在2001年利用状态空间法通过系统动力学模型测定了环渤海地区的生态系统承载力；高吉喜在2009年把生态承载力分为资源承载力、环境承载力、生态弹性力，提出承压指数、压力指数和承压度用以描述特定生态系统的承载状况。纵观国内外生态承载力研究历程，研究尺度多以区域、流域为主，生态足迹方法和层次分析法应用最多。

城市作为一个复合生态系统，直至城市复合生态系统理论被提出来后，城市生态承载力才以一个整体性、系统性的概念被提出来。其承载能力的含义与资源、环境承载力相比有很大差别，城市生态系统承载力（Urban Ecological Carrying Capacity，UECC）反映了城市生态支持系统对城市发展的支撑功能，它是供给与需求的统一体，社会经济发展的无限需求与生态支持系统的有限供给之间的矛盾决定了城市生态系统承载力的阈限必然存在，而生态承载力的阈限特征通常在少数瓶颈要素上表现出来。因此，可以通过评估城市的生态承载力来比较分析其可持续发展能力,通过解构城市生态承载力的组成来分析城市可持续发展的"瓶颈"。城市生态承载力是指与自然生态系统相比,城市生态系统中承载基体与承载对象的关系复杂且互动性强。因此,城市生态系统承载力在概念和内涵上与传统的承载力有很大差异,不仅仅局限于城市生态系统能够供养或维系多少人或经济活动,而是在满足人类一定生活水平和对生态环境质量的要求基础上,维持城市生态系统正常功能和健康水平的能力反映。

(二)生态承载力影响因素

生态承载力的影响因素可分为自然资源与环境条件和社会经济发展水平两大类。

1. 自然资源与环境条件

(1)资源约束。

人类社会进步是伴随对自然资源开发利用而进行的。在不同的历史阶段,人类对自然资源的开发利用侧重点不同,从而造成资源对社会经济发展的制约程度也不相同。例如,随着生产力水平的提高,自然资源开发利用的侧重点由土地、水、生物等可再生性资源转向以矿产资源为主的不可再生性资源,而土地、水、大气等公共资源也从初期的生产原料转变为经济发展和人类生存的重要条件。

正是由于这种社会发展模式,决定了在不同历史时期对区域生态承载力起主要约束作用的资源类型不同。例如,我国的河西走廊,在春秋战国时期是天然的游牧场所,此时起主要约束作用的资源为草地资源;从汉唐至明清,河西走廊发展为重要的农业垦区,此时土地资源成为主要的约束条件;至当今社会,随着当地经济快速发展和人口激增,水资源取代土地资源成为支撑区域发展的主要约束条件。

(2)环境约束。

生态环境是人类社会生存与发展的基础,它对维持生命支持系统提供着最主要的整体贡献。然而,人类在社会发展过程中极大地利用了这些环境功能,却忽略了对生态环境的保护和治理,如人类片面重视森林、草原等生态系统的资源特性,而忽视了其对周边环境的调节能力。

环境约束表现在大气、水、土壤等环境要素对人类活动过程中产生的各类废弃物和破坏力的容纳和恢复能力。当然,这个能力是有上限的,它受到区域水、土地、生态等资源储量的影响,资源储量大则生态环境的恢复和调节能力高,生态环境恢复和调节能力高又使得区域生态承载力相应提高。

2. 社会经济发展水平

(1)生产力水平。

不同历史时期或同一历史时期不同地区都具有不同的生产力水平,在不同的生产力水平下利用同样的资源可生产不同数量及不同质量的工农业产品,因此在研究某一地区的生态承载力时必须计算现状与未来的生产力水平。

(2)社会消费水平与结构。

不同的社会消费水平与结构决定了对自然资源的开发利用状况,进而影响到生态承载力的大小。

（3）科技水平。

历史证明，科学技术是推动生产力进步的重要因素，在当今社会，基因工程、信息工程等高新技术的飞速发展将对提高工农业生产水平具有不可低估的作用。此外，科学技术还能提高资源利用效率，降低污染处理成本，改善人类生存环境，进而提高区域的生态承载力水平。

（4）人口与劳动力。

生态承载力就是在一定时期所能承载的最大社会经济规模，人口与劳动力数量是社会规模的直接体现，人口基数越大则对资源的需求也越多，从而对生态承载力的影响越大。

（5）管理体制和政策法规。

反映了人们在有限度地开发利用自然资源、保护生态环境方面的基本思路。有些管理体制或政策对自然资源的开发利用和生态环境保护有积极作用，有些则产生消极作用。这在很大程度上影响着生态承载力。

（三）生态承载力研究

随着城市化和工业化的快速发展，城市生态承载力研究越来越受到政府和科技界的重视。杨志峰等在2005年和2007年提出并完善了基于生态系统健康的生态承载力定义，并运用到城市生态系统研究中；徐琳瑜在2005年对城市生态系统承载力理论和评价方法进行了综合论述，并通过构建城市生态系统承载力免疫学模型分析了广州市的生态系统承载力；常志华等于2007年进行了基于生态足迹的台州市城市生态承载力评价研究。以上研究推动了生态承载力评价研究的创新发展，丰富了城市可持续发展研究的内容。目前城市生态承载力研究存在以下问题。

（1）城市生态承载力评价较多的是衡量一定区域生态的可持续程度，强调的是人类发展对环境系统的影响及其可持续性，没有考虑经济、社会、技术方面的可持续性，具有一定的生态偏向性。

（2）城市生态承载力评价主要依据统计数据，以行政区单元为分析尺度，受统计数据自身特点影响，评价结果滞后于现实状况。

（3）城市生态承载力缺乏动态性研究。城市生态系统是一个开放的系统，它始终与外界进行着物质流、信息流等功能流交换，因此城市生态系统承载力不是一个绝对的、固定的值。城市生态系统承载力在城市不同的发展阶段各不相同，它与城市的动态发展息息相关，其理论阈值呈动态变化趋势。因此，城市生态系统承载力的研究应充分考虑其动态性。

（4）城市生态系统承载力研究缺乏承载力空间分异研究。目前城市生态系统承载力评价结果多用一个整体的概念来表示，然而城市作为一个地理单元，其结构组成中城区、郊区与郊县各个地区的自然资源、环境、经济社会条件不同，人们的生活方式各异，其生态承载力也必然各异。由于城市系统的复合性、区域性及动态性，目前城市生态承载力研究尚缺乏基于遥感、城市时空格局与演变、体现城市资源特征的生态承载力综合性研究。为此，利用遥感监测快速实时的特点，获取客观、动态的生态承载力的监测指标信息，在 GIS 技术支撑下，耦合生态足迹模型和社会经济指标，探索基于遥感的资源型城市生态承载力评价是十分必要的。

基于以上观点，制定的技术路线图，如图 1-11 所示。

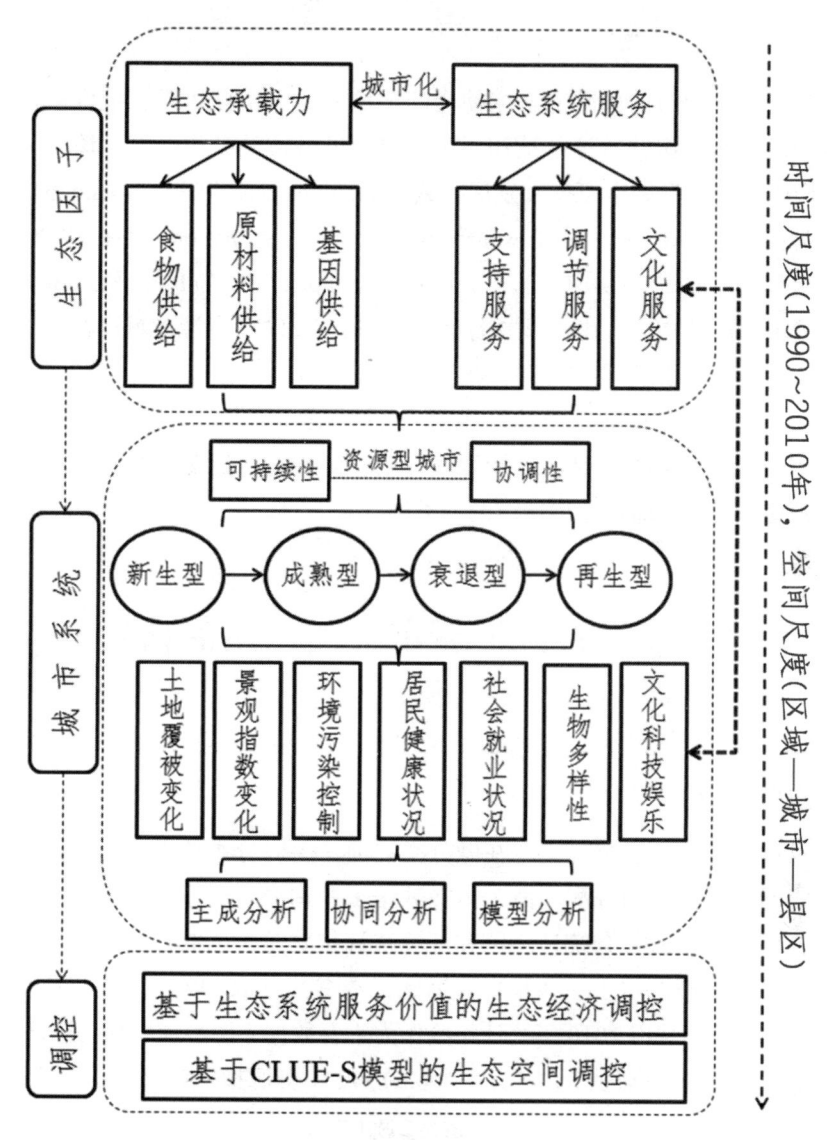

图1-11 技术路线图

第二章 资源型城市分类研究

在充分分析、比较目前国际上普遍使用的评价方法、指标体系、指数模型等的基础之上，本章创新型地提出并验证了适用于中国资源型城市的分类体系。该分类体系主要由三个指数构成：资源型城市可持续发展指数（Resource-based City Sustainability Index，RCSI）、资源型城市协调性指数（Resource-based City Coordination Index，RCCI）和资源型城市特征指数（Resource-based City Characteristic Index，RCChI）。资源型城市可持续发展指数是基于层次结构法，由16个指标计算得到，反映了资源型城市社会、经济、环境发展的总体状态；资源型城市协调性指数是基于"社会—经济—环境"三个维度构成的三角形结构，通过三角函数反演计算得到，反映了资源型城市社会、经济、环境的协调能力；资源型城市特征指数是由可持续性指数和协调指数比值计算得到，反映了资源型城市所处的发展状态，即资源型城市的分类标准。

第一节 资源型城市分类体系的构建

一、研究对象

本章将对资源型城市进行分类，在做分类之前，要对分类体系的评价指标进行确定并且对每个指标进行权重的分配。由于本文数据来源构成为通过遥感图像解译而获得的数据和通过各地区历年的社会统计年鉴和环境统计年鉴等，因此评价初期首先根据数据资料获取的难易程度拟选定了一些指标。因此，本书共选取112个地级资源型城市作为研究对象，以各资源型城市2010年统计年鉴作为主要数据来源，辅以社会经济发展年报、环境年报、遥感影像等数据进行研究。所选取的112个资源型城市如表2-1所示。

表2-1 资源型城市目录

省 自治区	资源型城市	数 量
河北	张家口市、承德市、唐山市、邢台市、邯郸市	5
山西	大同市、朔州市、阳泉市、长治市、晋城市、忻州市、晋中市、临汾市、运城市、吕梁市	10
内蒙古	包头市、乌海市、赤峰市、呼伦贝尔市、鄂尔多斯市	5
辽宁	阜新市、抚顺市、本溪市、鞍山市、盘锦市、葫芦岛市	6
吉林	松原市、吉林市、辽源市、通化市、白山市、延边朝鲜族自治州	6
黑龙江	黑河市、大庆市、伊春市、鹤岗市、双鸭山市、七台河市、鸡西市、牡丹江市	8

续表

省 自治区	资源型城市	数 量
江苏	徐州市、宿迁市	2
浙江	湖州市	1
安徽	宿州市、淮北市、亳州市、淮南市、滁州市、马鞍山市、铜陵市、池州市、宣城市	9
福建	南平市、三明市、龙岩市	3
江西	景德镇市、新余市、萍乡市、赣州市、宜春市	5
山东	东营市、淄博市、临沂市、枣庄市、济宁市	5
河南	三门峡市、洛阳市、焦作市、鹤壁市、濮阳市、平顶山市、南阳市	7
湖北	鄂州市、黄石市	2
湖南	衡阳市、郴州市、邵阳市、娄底市	4
广东	韶关市、云浮市	2
广西	百色市、河池市、贺州市	3
四川	南充市、广安市、自贡市、泸州市、攀枝花市、达州市、雅安市	7
贵州	六盘水市、安顺市、毕节市	3
云南	曲靖市、保山市、昭通市、丽江市、普洱市、临沧市	6
陕西	延安市、铜川市、渭南市、咸阳市、宝鸡市、榆林市	6
甘肃	金昌市、白银市、武威市、张掖市、庆阳市、平凉市	6
宁夏	石嘴山市	1
合计		112

二、资源型城市分类体系中指标的选取原则

客观准确的评价是建立在分类体系的基础之上，但是建立分类体系要涉及许多原则，而且还需要对整个分类系统有充分的了解，包括不同的生态系统，时间跨度，不同规模的资源型城市是否应该使用不同的指标元素。因此建立指标体系需要对这个地区的自然地理、自然资源、社会经济环境、生态环境要有充分的了解，要对国内外的城市分类体系进行研究、深入了解、集成、发展，在此基础上进行选择。

（一）科学性与实际性原则

分类指标的选取要充分考虑到科学性与实用性相结合的选取原则。科学性是指分类指标的选取以及建模要基于科学性的原则。真实性是指分类指标的选取要基于该评价系统的实际状态，能够充分反映研究区域的发展状态，从时间和空间两个维度真实地分析城市系统的变化过程。

（二）宏观性与承接性原则

资源型城市分类的目的是得出一个能够真实反映资源型城市发展状态的综合指数或结果，由于城市系统是由各种因素综合组成的系统，因此在选择城市分类体系时需要结合分类目的来选择，体现了评价指标选择的宏观性。由于城市系统的复杂性和系统性，需要在分析生态系统时把复杂问题系统化、条理化，而且每个指标层之间要有关联性或是承接性。这些经过分层的指标一般随着等级越高越概括，等级越低评价指标越详细具体。

（三）简明性和可获得性原则

分类指标的选取原则要依据简单明了和分类数据易获得性相结合的选取原则。城市分类是一个复杂的问题，需要把这个复杂的问题通过分类指标具体化、简单化，分类指标的选取需要综合考虑生态系统的基础之后，再选择分类指标。分类指标的原始数据要有代表性和易获取性。代表性是能否全面准确地反映城市系统的环境质量状况、经济发展状况、社会发展状况，能否从人类、自然和社会的角度反映城市系统。易获取性是分类指标的原始数据要比较容易获取和可操作。

（四）定量和定性相结合的原则

在计算分类指标时需要遵循定量和定性相结合的原则。使用数学的统计方法使分类指标定量化，同时由于城市系统的多面性和系统性，在遇到不能用数学评价方法评估的非线性问题时，需要人为地对分类体系进行处理，这就是分类指标的定性现象。以上两种方法的结合使得评价结果具有可信度。

第二节 资源型城市分类指标

一、基于层次结构法的资源型城市可持续性指数

（一）主题层次结构法

目前国际上普遍采用的层次结构主要分为两类：第一类是"压力—状态—响应"（P-S-R）层次结构法以及由其延伸出来的层次结构法；第二类是"主题层次结构法"（Theme-based）。由于"压力—状态—响应"层次结构法中人类对于生态环境的影响只能通过状态这一因素表现出来，这就大大地限制了层次结构整体的灵活性。因此本节通过结合中国资源型城市的发展现状及特点，由"主题层级结构法"延伸，确定了"维度Dimension—主题Theme—指标Indicator"的层次结构。这个层次结构是联合国经济开发合作署（OECD）提出并最先应用的，用于国家尺度人类发展水平评价及区域尺度的环境健康评价。

在确定了层次结构的基础之上，本章在计算资源型城市可持续性指数时，选取了3个维度（社会、经济、环境），9个主题（大气、水资源、土地利用、教育水平、居民健康、公共设施、居民收入、居民消费及社会公平性）及16个指标，具体如表2-2所示。

表2-2 中国资源型城市可持续性指数

维度	主题	指标
环境	大气	人均CO_2排放量（吨/年）
环境	大气	年均PM10（$\mu g/m^3$）
环境	水体	人均用水量（L/年）
环境	水体	污水处理比例（%）
环境	土地	人均绿地面积（%）
环境	土地	固体废弃物处理率（%）
社会	教育	识字率（%）
社会	教育	受教育年限（年）
社会	健康	贫困线以下人口比例（%）
社会	健康	人均寿命（年）
社会	公共设施	城区人口面积（人/km^2）
社会	公共设施	公共交通乘坐人次/人口（/日）
经济	收入水平	地区生产总值GDP（元）
经济	消费能力	人均用电量（kW）
经济	公平性	失业率（%）
经济	公平性	基尼指数

（二）指标相关性分析

为了优化层次结构，简化资源型城市可持续指数计算过程，我们对以上16个指标进行相关性分析（见表2-3），以验证指标选取的科学性。

相关性分析结果表明，"人均用电量"与"人均CO_2排放量"之间、"人均用电量"与"受教育年限之间"以及"基尼指数"与"贫困线以下人口比例"之间存在较强相关性（>0.8），但由于以上指标两两之间并不属于同一主题（Theme），亦不属于同一维度（Dimension），说明各指标之间独立性良好，可以独立表示相应的含义。因此我们保留原有的16个指标，确定了资源型城市可持续性指数的层次结构。

表2-3 资源型城市可持续性指标相关性检验

项目	人均CO_2排放量	年均PM10	人均用水量	污水处理比例	人均绿地面积	固废处理率	识字率	受教育年限	贫困人口比例	人均寿命	城区人口面积	公共交通出行率	地区生产总值GDP	人均用电量	失业率	基尼指数
人均CO_2排放量	1.00															
年均PM10	-0.52	1.00														
人均用水量	0.65	0.15	1.00													
污水处理比例	0.54	-0.42	0.49	1.00												
人均绿地面积	-0.62	0.04	-0.55	0.11	1.00											
固废处理率	0.12	0.16	0.12	-0.49	-0.66	1.00										
识字率	0.14	-0.26	0.45	0.60	0.16	-0.31	1.00									
受教育年限	0.72	-0.16	0.82	0.47	-0.71	0.47	0.40	1.00								
贫困人口比例	-0.01	0.27	0.42	0.66	0.48	-0.48	0.51	0.13	1.00							
人均寿命	0.40	-0.68	-0.15	0.64	0.35	-0.68	0.06	-0.17	0.20	1.00						
城区人口面积	0.40	-0.37	-0.23	0.12	-0.04	0.11	-0.60	-0.03	-0.15	0.55	1.00					
公共交通出行率	-0.32	-0.40	-0.81	0.04	0.67	-0.55	-0.28	-0.73	-0.08	0.68	0.43	1.00				
地区生产总值GDP	0.60	-0.72	-0.10	0.19	-0.40	0.39	-0.25	0.36	-0.42	0.40	0.74	0.20	1.00			
人均用电量	0.89	-0.49	0.70	0.55	-0.50	0.24	0.43	0.81	0.14	0.20	0.20	-0.48	0.50	1.00		
失业率	0.02	-0.31	0.11	0.01	-0.10	0.36	0.65	0.37	-0.06	-0.34	-0.47	-0.34	0.10	0.39	1.00	
基尼指数	-0.18	0.32	0.33	0.58	0.55	-0.66	0.55	-0.03	0.88	0.18	-0.35	-0.03	-0.64	-0.06	-0.17	1.00

（三）多情景分析确定指标权重

1. 层次分析法

基于 DPSIR 模型确定评价指标后，按照层次分析法（Analytical Hierarchy Process，AHP）对各个评价指标确定其在评价过程中的权重。通过构建层次考虑和衡量了指标的相对重要性，有利于提高定权的精度，可将一些重要性不明确的因素加以条理化，并排出各因素间相对重要的次序，使一些不能数量化的决策问题，取得较为理想的决策分析结果。

（1）层次分析法的基本原理。

层次分析法，顾名思义是将研究问题分为不同的层次，自上而下地把研究问题层次化，通常来说上层为目标层，中层为决策层，下层为评价指标层。结构模型建立完之后，根据研究区域的背景等因素，为构建的判断矩阵赋值，然后通过判断每一层次的因素相对于上一层次的影响程度、权重，目的是得到备选方案中的最佳方案，通过加权和的方法算出权重值最大的即为最佳选择方案。层析分析法是通过人为判断再加上数学方法而得到的评价指标权重值，是主观和客观相结合的方法。对于区域生态安全评价指标体系权重的确定很有利用价值。通过研究者的经验和对研究区域的了解构造的判断矩阵，可以求出判断矩阵的最大特征值，通过数学的归一化之后，得出了评价指标体系中各个指标在整个评价体系中的相对权重，该权重之和为1。

（2）层次分析法的特点。

①分析方法具有全局性。层次分析法与机理分析方法和统计分析方法类似，都是基于系统分析的重要手段。层析分析法把一个决策问题系统化，由表及里，层层分析，整体地着眼于所决策的对象。以往的系统思维在于切断评价因素和评价结果之间的关系，但是层析分析法摒弃了系统分析的缺点，该方法由于判断矩阵的出现，导致每一个层析的赋值都会或多或少地影响评价结果，而且评价结果都是用数字表示，这就达成了直观、明了的效果。层次分析法的以上特性决定了该方法具有对分析问题的多角度性、多时效性和多目的性等特点。

②决策方法简洁明了。层次分析法由于不主张复杂数学的计算方法，只会用到一些简单的数学运算的基本步骤，并且计算结果简单明了，容易掌握，所以该方法得到了大多人的应用。该方法是利用系统性的分析方法把定性的问题数量化，达到了定性与定量分析相结合的目的，使人脑对于问题的主观性条理化、系统化，在构建转移矩阵时通过决策者对于同一层次的指标进行相互比较，从而赋值，最后确定评价等级权重。

③定量数据需求量较低。层次分析法由于采用了人脑对问题的决策过程，体现了决策者对于问题的经验判断，再结合定量的分析方法，很好地分析了问题的重要性。该方法比一些定量的判断方法更能体现决策者对于问题的认识，从而避免了处理许多用传统计算方法不能计算的问题。

（3）层次分析法的步骤。

①明确问题。层次分析法应该首先把问题层次化，在分析问题时，按照问题性质和

总体的目标将问题分解为不同的层次结构，构成一个多层次的分析结构模型，确定出因素之间的隶属关系和关联关系。在本书中，应明确资源型城市特征与各个指标之间的关系，指标与目标层之间有些是正相关而有些是负相关。

②建立递阶层次结构。根据标度理论，构造两两比较判断矩阵 A，如表 2-4 所示，P 表示评价指标，b 表示指标间的关系，判断矩阵的目的在于把指标间的关系定量化。

表2-4　判断矩阵

CS	P1	P2	…	…	Pn
P1	b11	b12	…	…	b1n
P2	b21	b22	…	…	b2n
…	…	…	…	…	…
…	…	…	…	…	…
Pn	bn1	bn2	…	…	bnn

层次分析法通常采用 1-9 比例标度法，判断矩阵的标度比例和具体含义如表 2-5 所示。

表2-5　量度值判定方法。

标度值	定义与说明
1	两个指标相比同等重要
3	两个指标比较，一指标比另一指标稍微重要
5	两个指标比较，一指标比另一指标明显重要
7	两个指标比较，一指标比另一指标重要得多
9	两个指标比较，一指标比另一指标极端重要
2、4、6、8	分别表示为相邻 1-3、3-5、5-7、7-9 的中间指标
1/bij	两个指标的反比较

③判断矩阵的归一化处理。将判断矩阵的 A 的各列进行归一化：

$$\bar{a}_{ij} = a_{ij} \bigg/ \sum_{k=1}^{n} a_{kj} \ (i,j=1,2,\cdots,n) \tag{2-1}$$

将判断矩阵 A 各行元素相加：

$$\bar{w}_i = \sum_{j=1}^{n} a_{ij} \ (i,j=1,2,\cdots,n) \tag{2-2}$$

对 $\bar{w}_i$ 进行归一化处理得到：

$$w_i = \bar{w}_i \bigg/ \sum_{i}^{n} \bar{w}_i \ (i=1,2,\cdots,n) \tag{2-3}$$

$\bar{w}_i$ 即为所求的各评价指标权重值。

根据 $AW = \lambda_{max} W$ 求出最大特征值及其特征向量：

$$\lambda_{max} = \frac{1}{n} \sum_i \frac{(AW)_i}{w_i} \tag{2-4}$$

④AHP 的一致性检验。由于层次分析法是由研究人员的主观判断对客观事物的复杂性的一种定量描述，剔除主观性尽可能地还原事物的客观描述，其正确与否，需要对得

到的结果进行一致性检验。一致性检验分三个步骤。

计算得到一致性指标：

$$CI = \frac{\lambda_{\max} - n}{n-1} \quad (2\text{-}5)$$

通过查表得到相对应的平均随机一致性指标，虽然 CI 值可以反映出判断矩阵 A 的一致性的程度，但是未能反映出一致性是否可以接受，所以需要引入一个量度标准，即随机一致性指标。本书的评价指标是 19 个，即判断矩阵为 19 阶。

根据国内外研究得到，在指定精度为 0.0001，平均次数为 10000 次时，计算得到 1 阶至 20 阶平均随机一致性指标如表 2-6 所示。

表2-6　平均随机一致性指标

n	1	2	3	4	5	6	7	8	9	10
RI	0	0	0.58	0.90	1.12	1.24	1.32	1.41	1.46	1.49
n	11	12	13	14	15	16	17	18	19	20
RI	1.52	1.54	1.56	1.58	1.59	1.61	1.62	1.626	1.633	1.64

⑤计算一致性比例。

$$CR = CI/RI \quad (2\text{-}6)$$

当 CR<0.10 时，便认为判断矩阵具有可以接受的一致性。当 CR≥0.10 时，就需要协调改正判断矩阵，使其满足 CR<0.10，从而得到具有满意的一致性。

通过以上层次分析法的具体步骤，可以得到基于层次分析法的资源型城市可持续指标的权重，如表 2-7 所示。

2. 强可持续性与弱可持续性

强可持续性（strong sustainability）和弱可持续性（weak sustainability）均是环境经济学中的概念，它们讨论的是人类资本与自然资本的相互关系。弱可持续性理论认为，人类资本和自然资本是可以完全转换的；而强可持续性理论则认为人类资本和自然资本之间，可以在一定程度上进行相互补偿，只有在一定的控制条件下才可以互相转换。例如，臭氧层资源作为自然资本，一旦遭受破坏则不可逆转，因此是无法由人类资本进行补偿的。

我们将这两种理论的思想运用到资源型城市可持续性指标的权重计算中来，用均匀赋值来体现弱可持续性所代表的等价观点（自然维度 1/3，社会维度 1/3，经济维度 1/3）；用自然—社会—经济梯度赋值的方法来体现强可持续性所代表的"自然资本优先于人类资本"的观点（自然维度 50%，社会维度 30%，自然维度 20%）。各维度所涵盖的主题及指标亦分别采用这两种思想。最终指标权重结果如表 2-7 所示。

表2-7 多情景分析下资源型城市可持续性指标权重

维度	主题	指标	权重1 （弱可持续性）	权重2 （弱可持续性）	权重3 （层次分析法）
环境	大气	人均CO_2排放量（吨/年）	0.056	0.083	0.064
		年均PM10（$\mu g/m^3$）	0.056	0.083	0.060
	水体	人均用水量（L/年）	0.056	0.083	0.054
		污水处理比例（%）	0.056	0.083	0.066
	土地	人均绿地面积（%）	0.056	0.083	0.057
		固体废弃物处理率（%）	0.056	0.083	0.055
社会	教育	识字率（%）	0.056	0.056	0.059
		受教育年限（年）	0.056	0.056	0.057
	健康	贫困线以下人口比例（%）	0.056	0.056	0.056
		人均寿命（年）	0.056	0.056	0.052
	公共设施	城区人口面积（人/km^2）	0.056	0.056	0.056
		公共交通乘坐人次/人口（/日）	0.056	0.056	0.051
经济	收入水平	地区生产总值GDP（元）	0.083	0.042	0.105
	消费能力	人均用电量（kW）	0.083	0.042	0.104
	公平性	失业率（%）	0.083	0.042	0.048
		基尼指数	0.083	0.042	0.056

（四）分类指标标准化

由于评价指标的单位不一致，需要对各个指标的实际数值归一化，即将有量纲的表达式，经过变换，化为无量纲的表达式，成为纯量。标准化频率范围在[0，1]之间。

归一化处理关于正、负指标的公式如下所示：

$$\underline{C}_{ij} = (C_{ij} - C_{i\min})/(C_{i\max} - C_{i\min}) \tag{2-7}$$

$$\underline{C}_{ij} = (C_{i\max} - C_{ij})/(C_{i\max} - C_{i\min}) \tag{2-8}$$

式中，$\underline{C}_{ij}$为C_{ij}的归一化值。

通过以上两种方法，计算得出研究区指标评价值，由于研究城市较多，在此仅以唐山市为例，如表2-8所示。

表2-8 唐山市各个指标实际值和评价值

评价指标（单位）	实际值	评价值
人均CO_2排放量（吨/年）	3.43	0.805
年均PM10（$\mu g/m^3$）	187.00	0.778
人均用水量（L/年）	275.50	0.400
污水处理比例（%）	0.54	0.356
人均绿地面积（%）	3552.76	0.233
固体废弃物处理率（%）	0.65	0.646
识字率（%）	0.97	0.385
受教育年限（年）	11.00	0.410
贫困线以下人口比例（%）	0.90	0.324

续表

评价指标（单位）	实际值	评价值
人均寿命（年）	74.97	0.325
城区人口面积（人 /km²）	14.98	0.176
公共交通乘坐人次 / 人口（ / 日）	0.18	0.090
地区生产总值 GDP（元）	11090.00	0.456
人均用电量（kW）	206.10	1.000
失业率（%）	0.04	0.718
基尼指数	47.40	0.695

二、基于三角函数反演的资源型城市协调性指数

资源型城市协调性指数的层次结构、指标体系与可持续性指数相同，也是由三个维度（社会、经济、环境），9个主题（大气、水资源、土地利用、教育水平、居民健康、公共设施、居民收入、居民消费及社会公平性）及16个指标构成。区别在于：协调性指数在可持续指数基础之上，以"自然—社会—经济"三个维度构成的三角形为出发点，计算三角形内角差异，即越接近等边三角形，协调性越强。

具体到计算方法时，我们仍以唐山市为例。首先，通过指标体系构画三角雷达图，三角形顶点值即为其对应维度的估值，如图2-1所示。

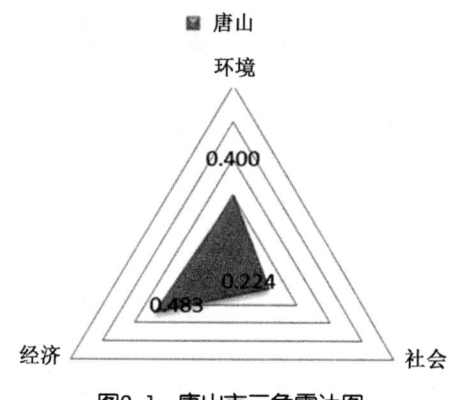

图2-1 唐山市三角雷达图

其次，我们通过三角形几何中心点与顶点的长度（即相应维度的计算值，已由之前计算得到），利用余弦函数和反余弦函数计算此三角形的三个内角值。最后，计算三个内角的标准差，其值越高，表明协调性越差；反之，协调性越强（等边三角形三个内角标准差为0，协调性最强）。同时，三角雷达图的面积代表了其所对应资源型城市可持续性强弱程度（三角形越大，可持续性越强）。

三、资源型城市特征指数

资源型城市特征指数（RCChI）为可持续性指数与协调性指数的比值，取值越高，表明对应资源型城市发展状态越好（可持续性越强，其值越接近于1，协调性越强，其值越接近于0）。即 RCChI=RCSI/RCCI。

第三节 资源型城市分类结果

一、资源型城市分类体系与分类结果

我们将研究对象 112 个资源型城市原始数据代入由可持续性指数、协调性指数、特征指数组成的资源型城市分类体系中,计算结果如图 2-2 所示。

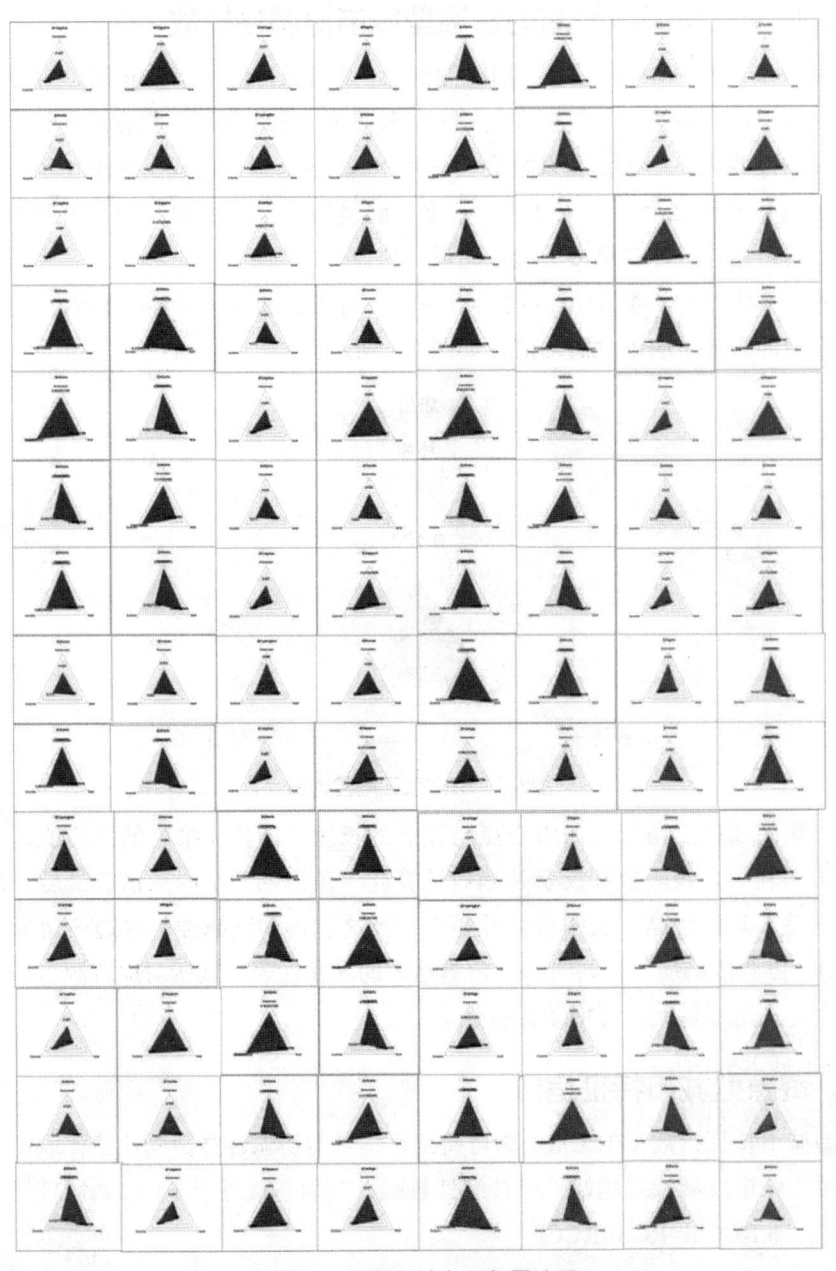

图2-2 资源型城市三角雷达图

通过聚类分析，综合考虑112个资源型城市社会、经济、环境发展情况，最终确定资源型城市分类体系，如表2-9所示。

表2-9 资源型城市分类体系

发展阶段	资源型城市可持续性指数（RCSI）	资源型城市协调性指数（RCCI）	资源型城市特征指数（RCChI）
新生型资源型城市	0<RCSI<0.25	2<RCCI<4	0.063<RCChI<0.125
成熟型资源型城市	0.25<RCSI<0.50	RCCI>6	0<RCChI<0.063
衰退型资源型城市	0.50<RCSI<0.75	4<RCCI<6	0.125<RCChI<0.188
再生型资源型城市	0.75<RCSI<1.00	0<RCCI<2	RCChI>0.188

如表2-9所示，我们根据聚类结果将资源型城市划分为4个类型：新生型资源型城市、成熟型资源型城市、衰退型资源型城市和再生型资源型城市，分类结果如表2-10所示。

表2-10 资源型城市分类结果

发展阶段	资源型城市
新生型资源型城市	朔州市、呼伦贝尔市、鄂尔多斯市、松原市、贺州市南充市、六盘水市、毕节市、昭通市、延安市、咸阳市、武威市、庆阳市、陇南市
成熟型资源型城市	张家口市、承德市、邢台市、邯郸市、大同市、阳泉市、长治市、晋城市、忻州市、晋中市、临汾市、运城市、吕梁市、赤峰市、吉林市、延边朝鲜族自治州、黑河市、大庆市、鸡西市、牡丹江市、湖州市、宿州市、亳州市、淮南市、滁州市、池州市、宣城市、南平市、三明市、龙岩市、赣州市、宜春市、东营市、济宁市、泰安市、莱芜市、三门峡市、鹤壁市、平顶山市、鄂州市、衡阳市、郴州市、邵阳市、娄底市、云浮市、百色市、河池市、广元市、广安市、自贡市、攀枝花市、达州市、雅安市、安顺市、曲靖市、保山市、普洱市、临沧市、渭南市、宝鸡市、金昌市、平凉市、克拉玛依市
衰退型资源型城市	乌海市、阜新市、抚顺市、辽源市、白山市、伊春市、鹤岗市、双鸭山市、七台河市、淮北市、铜陵市、景德镇市、新余市、萍乡市、枣庄市、焦作市、濮阳市、黄石市、韶关市、泸州市、铜川市、白银市、石嘴山市
再生型资源型城市	唐山市、包头市、鞍山市、盘锦市、葫芦岛市、通化市、徐州市、宿迁市、马鞍山市、淄博市、临沂市、洛阳市、南阳市、丽江市、张掖市

二、资源型城市分类研究总结

（1）从可持续性指数角度来看，新生型＜成熟型＜衰退型＜再生型，这种排序结果主要是由于城市发展历史原因导致的。新生型资源型城市虽然生态环境质量较高，但是其环境维度分值受限于相应的污染处理设施的建设情况以及处理大量废水、废气、固体废弃物的能力；同时，由于其城市形成时间较短，其社会发展水平和经济能力相对较弱，故可持续性指数分值最低。而随着城市发展，其教育水平、治污设施、经济水平等均有一定程度的增长，因此出现了以上结果。

（2）从协调性指数角度来看，再生型＞新生型＞衰退型＞成熟型。值得注意的是，衰退型资源型城市的协调性高于成熟型资源型城市，与人们预期的结果有所差异。出现这种结果的原因是因为社会经济维度存在滞后效应，衰退型资源型城市在自然资源消耗殆尽之时，其经济能力和社会发展水平并不会立刻衰退，而本次研究选取的数据均选取 2010 年作为研究节点，故出现以上结果。

（3）本章所提出的资源型城市分类体系，不仅反映了各个资源城市可持续性和协调性的能力强弱，更重要的是可以将各资源型城市出现的问题通过指数分解的方式，精确定位到对应指标上去，利于城市规划者、决策制定者发现问题、分析问题并解决问题。

（4）本章虽然只选取了 2010 年作为研究节点，但是通过对大样本数据的聚类处理，我们可以模拟资源型城市发展规律以及探索资源型城市在各个发展阶段的相应特征，进而为资源型城市经济转型提供科学依据，也为之后章节的资源型城市生态调控研究打下了理论基础。从下一章起，我们将选取唐山市作为典型资源型城市进行实例研究，以探究资源型城市生态调控机理，并将其推广、运用到其他资源型城市中去，实现资源型城市的可持续发展。

第三章 唐山市土地利用及景观格局变化研究

第一节 唐山市概况

一、自然地理概况

1. 地理位置

唐山市位于河北省东北部,北依燕山,南邻渤海,毗邻北京天津,总面积1.34万平方公里,是环渤海经济圈的主要组成城市之一,也是京津冀协同发展中心的辐射带。

2. 地质地貌

唐山市地质构造状况复杂,在经历了多次运动强烈的构造分异之后,形成了北高南低的地域结构。地貌形态主要由新生代以来北部蒙古高原和燕山山地强烈上升,南部平原和渤海地区强烈下降形成的,由北向南呈梯形下降态势,逐渐形成以下6种地貌类型:①低山丘陵。位于京山公路以北,总面积3396.6平方公里,占全市总面积的23.74%。②山间河流谷地。主要有洒河—滦河河谷、迁西罗屯滦河河谷、滦河—还乡河河谷3条河谷。总面积400.6平方公里,占全市总面积的2.8%。③山间盆地。主要有遵化城关、平安城、迁安城关、新集、建昌营、野鸡坨、榛子镇7个盆地。总面积1931.5平方公里,占全市总面积的13.5%。④山麓台地。主要是丰润、开平两处山麓台地。总面积309.1平方公里,占全市总面积2.16%。⑤山前平原。包括玉田山前冲洪积平原、还乡河—陡河山前冲积平原、滦河—沙河山前冲洪积平原,总面积3968.9平方公里,占全市总面积的27.74%,地下水较丰、水质好,土壤较肥沃,是唐山主要农业区。⑥低平原区。主要包括滨海及窝洛沽两个低平原地区,总面积4300.9平方公里,占全市总面积的30.06%,多洼淀、沼泽,土质黏重,地下水埋藏浅,矿化度高,土壤盐渍化重。

3. 土壤类型

唐山市土壤总面积112.2万公顷,主要有7个土纲,12个土类,29个亚类,85个土属,177个土种。土壤质地特点为东沙、西黏,分为砂质、砂壤、轻壤、中壤、重壤五级。全市土壤耕层养分状况为:大部分地区少氮、锰,缺磷、锌,有机质、钾含量中下,有效铜、铁较丰富。

唐山市主要土壤类型见表3-1。

表3-1 土壤盐分及养分统计表

土壤类型	土壤含盐量（‰）	有机质（%）	速效氮（ppm）	P_2O_5（ppm）	K_2O（ppm）
潮土	0.5~4	1.05	68.3	6.9	97.1
盐化潮土	1.8~4.5	1.10	63.2	10.7	107.6
潮土质盐土	1~3	0.97	44.4	7.7	88.1

4. 气候条件

唐山市气候属于暖温带半湿润大陆季风气候。全年平均气温为11.48摄氏度，全年平均日照时长为2605小时，全年平均降水量为610.3毫米。年均气温10.6摄氏度，多年平均降水量为644毫米，年平均风速1.9~3.6米/秒，全年无霜期平均180天。春季风多雨少，易旱；夏季高温高湿，多暴雨、冰雹、大风等灾害性天气；秋季气温变化大，空气清爽；冬季寒冷干燥，降水稀少。

唐山市全年温度数据见表3-2。

表3-2 唐山市历史气候数据

月份	1月	2月	3月	4月	5月	6月	7月	8月	9月	10月	11月	12月	全年
极端高温（℃）	12.1	19.5	24	32.5	36.8	39.6	39.6	36.2	33.1	31.4	22.7	13.6	39.6
平均高温（℃）	0.9	4.1	10.7	19.6	25.2	29.1	30.2	29.4	25.9	19.1	9.8	3	17.25
平均气温（℃）	-5.1	-2.0	4.6	13.1	19	23.4	25.7	24.7	20	12.8	4	-2.5	11.48
平均低温（℃）	-10.2	-7.0	-0.8	7.1	13	18.2	21.7	20.5	14.6	7.5	-0.7	-7.0	6.41
极端低温（℃）	-22.7	-19.8	-15.7	-4.7	3.5	9.1	14.6	11.2	3.8	-5.6	-14.5	-21	-22.7
降水量mm（d）	4.3	4.4	9.6	21.3	42.7	86.6	192.8	162.5	48.2	23.5	9.9	4.5	610.3
降水日数（>0.1mm）	2.4	2.4	3.4	4.6	6.6	9	12.9	10.7	6.4	4.8	3	2	68.2

5. 海洋与海岸带

唐山市海岸的走向从东到南、从西到北。西起淄脉河口，东至胶莱河口，全长140千米，呈弧形曲线状。该区域由淤泥平原、滩涂和浅水湾组成了近海带。唐山海区东起滦河口，西抵涧河口，地处辽东湾南段、渤海湾北部。整个海区由潮上带、潮间带、浅海、岛屿四个相邻部分组成，拥有海岸线334.8公里，其中大陆岸线199.3公里；海岸带总面积4693.15平方公里，其中陆域面积996.5平方公里，海域面积3696.65平方公里。

二、自然资源概况

由于自然资源丰富需要加紧开发尽快抽取其蕴含的经济利益。唐山市土地富饶、区位优势的作用，非常适宜开展第一产业到第三产业；煤炭、石油储备量巨大，在不破坏生态环境的基础上可以适当开发；由于靠近渤海所以盐卤储备量巨大，可以适当进行盐开采方面的工作；浅海约2000平方千米，该区位优势可以适当发展海产养殖业；由于该区域具有悠久的燕山文化，同时具备了河口湿地的风景，使得该区域形成了天然的旅游圣地。

1. 土地资源

唐山市土地利用类型丰富，林地、草地、耕地、建设用地和湿地等。

2. 水资源

唐山市的地下水大部分是卤水，不能直接饮用，所以该区域的饮用水基本上来自外来饮用水。由于该区域属于大陆季风性半湿润暖温带气候，四季降水量分布不均。

唐山市部分地表水来自区域内的水库。由于本区域地表水拦蓄工程较少，引水受到一定限制，利用率不高，绝大部分以汛期洪水的方式入海。

区域内地下水，浅层一般为咸水和卤水，深层有少量的淡水。地下水储量为42411万立方米。整个区域地下淡水资源由于埋藏深、开发成本高、补充困难，不宜作为可持续利用的淡水资源。深层地下淡水的补给不受当地降水、灌溉回归、地表径流等影响，主要来源于上游山丘区降雨入渗或南部井灌地下水径流，由于深层地下水渗透系数较小，径流慢，补给量很少。近二十多年来，随着本区域经济的发展，大量抽取地下水，使地下水位持续下降，由此引发了严重的水环境问题，导致了咸水南侵。

3. 海洋资源

唐山市由于海陆相的叠次沉积，海岸属淤泥质平原海岸类型。南部以全新世海浸线（或称淡咸水分界线）为界的滨海平原、滩涂或浅海部分，总面积2477平方千米，管理海域面积1400平方千米。该区域自然比降1/2000~1/8000，陆地海拔高度1.2~6米，最高地方达9米。从自然经济和技术条件方面分析，该区域可归纳为5个开发带：浅海捕捞带，海拔高程 -36~-15 米；浅海养殖带，海拔高程 -10~1.2 米；潮上对虾、鱼类养殖带，海拔高程1.2~3.0米；重盐渍盐化工牧业带，海拔高程3.0~3.5米；轻盐渍农林牧副带，海拔高程3米至全新世海浸线。

沿海水质东部好于西部，海水颜色透明度由西向东逐渐变好。其原因西部污染较重，再加曹妃甸人工岛的延伸影响了西部的海水交换；而东部污染源较少，虾场尾水排放也较分散，海水交换较顺达，故而水质较好：pH值为7.2~8.7，盐度12.28‰~28.33‰，溶解氧4.67~10.81毫克/升，浮游动物9.9万个/立方米，浮游植物193万个/立方米，水色混浊，透明度0.5米；滦河口一带pH值为7.25，盐度28.33‰，溶解氧5.2毫克/升，水色浅蓝，透明度2米，浅海水产资源丰富，鱼虾蟹贝种类繁多。

4. 植被分布

唐山市由沼泽、滨海和人工植被组成，人工植被资源匮乏，其种类仅占全区植物总种数的17.7%。以赖盐生、泌盐和不喜盐植物最多，占整个海岸植物种类的68%。

唐山境内植被种类丰富，属暖温带落叶阔叶林植被区，处于华北、东北两植物区系的边缘，东西部植物系的各种树种兼有。按区域可分为低山丘陵植被、山前平原植被、内陆洼淀植被、滨海盐生植被。主要植被类型有针叶林、阔叶林、灌木丛和灌草丛。2009年，唐山林业用地面积503万亩，有林地面积580万亩，森林覆盖率为30.2%，森林单位面积蓄积量为13.35立方米/公顷，森林总蓄积量为516.4万立方米，人均公共绿地面积达到30平方米。

树木种类繁多，共有68科，103属，201种，其中乔木47科，67属，148种。山地主要造林树种有油松、侧柏、杨树、柞树、槲栎、板栗、椴树、朴树、栾树、槭树、胡桃楸等。平原主要造林树种有杨树、柳树、榆树、椿树、刺槐、国槐等。尤其是近几年引进的速生树种占平原造林面积的 80% 以上。灌木常见有榛子、酸枣、荆条、胡枝子、紫穗槐、鼠李、刺五加等。草本有白草、羊胡子草、黄麦草等。

5. 湿地资源

野生该地区湿地属沿海湿地类型，河口湿地面积为 16334 公顷，潮间带约 40000 公顷。共有野生动物 1500 多种，其中陆生脊椎动物 298 种，陆生无脊椎动物 609 种，水生动物 632 种，列入国家重点保护野生动物名录的有 57 种。

地区长年水温变化在 0~27℃，pH 值 7.5 左右，溶解氧每升 5 毫克左右，盐度 12% 以上，透明度 1~2 米。莱州湾底平坡缓，温度适宜，众多河流由此入海，营养盐极为丰富，饵料资源充足，优良的生态环境繁生了多种多样的浮游生物，是海洋生物生长繁殖的良好场所。

滩涂土壤潮间带属于以粉沙为主的泥沙底质，粒径在 0.5~0.063 毫米的占 70% 以上，即主要成分是粒沙。潮间带底质粒度的分布规律是从高潮区到低潮区粒径逐渐增大。潮间带沉积物的有机质含量相差不大，其中以潍河至胶莱河地段最高（0.23%），堤河至潍河最低（0.18%），总平均含量为 0.21%。各潮区有机质的含量自上而下逐渐降低。

6. 矿产资源

唐山市是河北省矿产资源较为丰富的地区，矿产资源种类多，分布广。已发现矿产 49 种，其中金属矿产 11 种，非金属矿产 38 种，重要矿产有煤、铁、石油、天然气、水泥灰岩、金、陶瓷用原料矿产等。目前已有 30 多种矿产被开发利用。

煤炭资源丰富，累计探明资源储量 57.05 亿吨，保有基础储量 33.24 亿吨，可采储量 19.41 亿吨，主要煤种有肥煤、焦煤和气煤等。共探明煤矿产地 43 处，其中，大型矿井 9 处、中型矿井 13 处、小型矿井 21 处，分别位于路南区、路北区、古冶区、开平区、丰南区、丰润区及玉田县境内。

铁矿资源储量大，累计探明铁矿资源储量 69.86 亿吨，保有资源储量 61.64 亿吨，可采储量 7.28 亿吨，位居全省之首。50 万吨以上的铁矿产地 156 处，其中，大型铁矿产地 2 处，中型铁矿产地 48 处，小型铁矿产地 97 处，主要分布于遵化市、迁西县、迁安市、滦县和滦南县境内，多为小于 40% 的贫铁矿。

石油及天然气主要分布在南堡及沿海大陆架水深 20 米以内的地区。目前，已探明 7 个含油区，石油地质储量 9 亿吨，天然气储量 67 亿立方米。在渤海湾冀东油田南堡区块最新发现大型油田，预计储量为 10 亿吨，是中国过去十年来发现的最大石油资源。

水泥灰岩资源较为丰富，累计探明资源储量 13.41 亿吨，保有资源储量为 12.1 亿吨，主要分布于开平区、古冶区、丰润区、迁安市、滦县、迁西县等地。

三、社会经济概况

1. 总体规划

河北省在"十二五"期间大力发展生态旅游业，依托渤海湾百里绿色生态长廊、艾里湖等，开发湿地生态和海洋生态文化观光旅游；对唐山市和秦皇岛市的旅游资源进行充分利用。

2. 地区人口

1990~2010年，唐山全市人口保持平稳快速增长，至2010年年末唐山全市户籍总人口757.73万人，具体情况如表3-3所示。

表3-3 2010年唐山市行政区划人口信息

市区县	常住人口（人）	比重（%）	面积（平方公里）	人口密度（每平方公里）	街道（每平方公里）	镇（每平方公里）	乡（每平方公里）
唐山市	7577289	100	13472	562.45	50	132	47
路南区	225036	2.97	67	3358.75	9	—	1
路北区	743504	9.81	112	6638.43	12	—	1
古冶区	358461	4.73	253	1416.84	5	2	3
开平区	262571	3.47	252	1041.95	5	6	—
丰南区	627392	8.28	1856	338.03	3	14	3
丰润区	916092	12.09	1334	686.73	3	20	3
曹妃甸区	251785	3.32	700	554.87	1	5	—
滦县	554315	7.32	999	554.87	2	12	—
滦南县	571779	7.55	1270	450.22	1	16	—
乐亭县	526222	6.94	1308	402.31	1	11	3
迁西县	390128	5.15	1439	271.11	1	9	8
玉田县	684833	9.04	1165	587.84	1	14	6
遵化市	737011	9.73	1509	488.41	2	13	12
迁安市	728160	9.61	1208	602.78	4	10	7

3. 经济

唐山市是我国典型的资源型城市，国民经济和社会各项事业发展迅速，综合实力显著增强，作为河北省的重要沿海城市，在河北建设沿海经济社会发展强省中发挥着龙头作用。

唐山市在改革开放的带动下，利用自身的区位优势和战略优势，经济和社会建设得到了大力发展，三大产业均取得显著突破，人民生活水平不断提高，具体情况如表3-4所示。

表3-4 唐山市产业经济结构

经济概况	地区生产总值	全部财政收入	城镇居民人均可支配收入	农民人均纯收入	人均纯生产总值
	5442.41亿元	555.5亿元	21785元	9460	71626元
第一产业	粮食播种面积	粮食总产量	棉花播种面积	棉花总产量	油料播种面积	总产量
	49.1万吨	311.4万吨	2.6万公顷	208万吨	7.6万公顷	28.1万吨
	肉类总产量	禽蛋产量	牛奶产量	水产品产量	蔬菜播种面积	总产量
	71.4万吨	33.8万吨	178.6万吨	52.2万吨	18.7万公顷	1396.3万吨
	第一产业增加值占地区生产总值的比重为9.1%，从业人员124.30万人					

续表

第二产业	建筑业增加值 229.97亿元	建筑施工面积 4551.18万平方米	钢铁行业 563亿元	总产量 5000万吨	能源工业增加值 175亿元	化工行业增加值 64.7亿元
	第二产业增加值比重为59.2%,从业人员184.50万人					
第三产业	消费品销售总额 1518.52亿元	旅游资源开发 106.26亿元	金融贷款余额 3589.30亿元	全年保费收入 127.79亿元	高新技术企业 95家	研发机构 243家
	第三产业增加值比重为31.7%,从业人员140.22万人					

据统计,2017年唐山地区生产总值7106.1亿元,比上年增长6.5%。其中,第一产业增加值600.7亿元,增长2.2%;第二产业增加值4081.4亿元,增长4.2%;第三产业增加值2424.0亿元,增长10.9%。三次产业增加值结构为8.5∶57.4∶34.1。按常住人口计算,全年人均地区生产总值90290元(按年平均汇率折合13373美元),增长5.8%。沿海增长极、中心城市、县域经济三大经济板块地区生产总值分别为665.9亿元、2641.9亿元、3798.3亿元,分别增长8.4%、6.8%、5.9%。

钢铁、装备制造、建材、化工、能源是唐山的五大主导产业。2010年唐山五大主导产业规模以上企业产值占规模以上工业产值比重达到97%,钢铁产业是唐山经济发展的第一大支柱,其产值占规模以上工业产值比重达42.4%,是全国重要的钢铁基地之一,钢产量占河北省钢铁产量的51%,中国首钢集团、河北钢铁集团是目前唐山最重要的钢铁龙头企业。近年来唐山工业结构调整取得明显成效,装备制造业规模化、集约化水平较高,竞争力显著增强,以现代物流业、现代商贸业和旅游业为主导的现代服务业比重日趋上升,服务体系逐步完善。

"四点一带"区域完成地区生产总值1350亿元,增长13%,占全市经济总量的32%。曹妃甸新区完成投资1000亿元。曹妃甸港区矿石码头二期建成,煤炭码头二期等港口建设进展顺利,LNC码头、京唐港区20万吨级航道工程开工。唐山港全年吞吐量达到2.4亿吨,成为国内第10个吞吐量突破2亿吨的大港。"四点一带"区域实施重点产业项目375项,总投资6172亿元,完成投资528.5亿元。唐山湾生态城城市基础框架初步形成。

4. 社会人文

唐山是一座具有百年历史的沿海重工业城市。市辖路南区、路北区、古冶区、开平区、丰南区、丰润区6个市辖区,滦县、滦南县、乐亭县、迁西县、玉田县、唐海县6个县,代管遵化、迁安2个县级市,并设芦汉新区、高新技术开发区、南堡开发区、海港经济技术开发区、曹妃甸工业区等开发区。

2017年末全市常住人口789.7万人,其中城镇人口486.8万人,常住人口城镇化率61.64%。全年全市居民人均可支配收入27786元,居民人均消费支出18132元。

唐山,因市城区中部的大城山(原名唐山)而得名。唐山历史悠久,文化底蕴丰富,地灵人杰,"不食周粟"、"谙熟道路"、戚继光"改斗"等典故都产生在这里,唐山是中国近代工业发祥地之一，中国第一座近代煤井、第一条标准轨距铁路、第一台蒸汽机车、第一袋水泥、第一件卫生瓷均诞生在这里，被誉为"中国近代工业的摇篮"和"北方瓷都"。唐山自然景观品位独特，人文景观文化积淀深厚，拥有山、海、林、岛等多种独具特色的自然景观，境内有国家级文物保护单位2处，省级重点文物保护单位40处。唐山北部山区有明长城221公里，东接山海关、老龙头，西接慕田峪、八达岭，有名关险隘29处，敌楼603座，烽火台82个。水下长城、大理石长城、72券楼、监狱楼、水门、长城砖窑、养马圈、屯兵营等皆为长城沿线独秀，代表了明长城历史文化的精华。长城沿线已有清东陵、景忠山、鹫峰山、汤泉、潘家口、大黑汀、青山关、灵山、白羊峪等一系列旅游景区。

清东陵是我国现存范围最大、建筑系统最完全的皇家陵寝，始建于康熙二年，是目前我国现存规模庞大、体系完整的帝王陵墓群之一，2000年11月列为世界文化遗产，陵区埋葬着5位皇帝、15位皇后、137位妃子、4位公主。清东陵的建筑恢宏、壮观、精美，庞大的建筑群中有中国现存最大的石牌坊，最长的神路。位于迁西县境内的景忠山，以其博大精深、源远流长的佛、道、儒三教合一的人文和自然景观闻名于世，曾被清康熙皇帝御题"灵山秀色""天下名山"。李大钊纪念馆及其故居等人文天然景观，也逐渐成为旅游的热点，唐山有196.5公里海岸线，海滨风光秀丽，尤其是菩提岛、月坨岛、打网岗3个近海岛屿，正在开发建设以自然生态观光和休闲度假为主要内容的新型旅游区，成为华北地区特色旅游亮点。唐山市将昔日采煤沉降区改造为南湖城市生态公园，获联合国迪拜国际改善居住环境最佳范例奖。

1976年唐山地震给唐山人民带来巨大的灾难，地震破坏范围超过3万平方公里，共造成24万人死亡，重伤16万人，轻伤36万人。震后的唐山已是一片废墟，然而，坚强的唐山人民在党和政府及全国人民的支持下，战胜了地震灾害给生产生活造成的巨大障碍，用40多年的时间重新建成了一座现代化的新兴城市，创造了灾后重建的奇迹。

四、生态环境问题

目前唐山市面临的主要生态环境问题包括：

（1）生态环境治理任务较重，需要加强保护。

唐山市由于地处陆海空以及河流的交错点上，所以形成了丰富的景观生态格局。经常受到来自中游的黄土高原大量泥沙的侵蚀，同时也频繁地受到海潮的破坏，自然灾害较频繁，但是不严重。

由于该区域开发较晚，所以关于土地治理方面的经验较欠缺，同时土地盐碱化面积较大，森林面积比河北省平均水平略低。

由于石油开采需要经历地质勘探、钻取井眼，最后再进行开采等过程，这就对土地及其土壤造成了人为的破坏，加之采油过程中对于地表水和地下水的污染，该区域的生态环境已经遭到了不同程度的破坏，需要尽快开展生态修复等工作。

由于该区域地下水主要为盐卤水，所以饮用水资源比较匮乏。

湿地资源的过度利用，降低了湿地功能，同时对生物多样性存在威胁。

（2）研究区域经济发展缓慢，需要走资源利用和可持续发展的道路。

唐山市是煤炭大市，该城市的煤炭开采从解放前就已经开始，现在的煤炭开采已经进入后期，需要在发展煤炭开采的同时做好向资源型和可持续型城市发展。由于煤炭开采的历史性造成了该区域生态环境的破坏，所以要摒弃先污染后治理、高排放粗放型的老路，结合时代的发展走高效生态经济之路。

（3）随着旅游业的快速发展，大量旅游设施的建设和游客数量的增加，将对该区重点保护对象造成威胁。

第二节　研究方法

一、遥感影像解译

（一）GIS 技术简介

地理信息系统（GIS）是用来描述和刻画地球和其他地理信息，从而达到可视化和分析空间参考信息。而这些工作主要是通过使用地图来完成的。通过 GIS 可以完成创建、分享和应用基于地图信息的产品。地图，无论是交互式的还是纸质的，都在 GIS 中扮演着非常重要的角色。他们通过地图图层来刻画逻辑的地理信息集合；它们提供高效的方式将地理信息建模和组织成一系列专题图层。另外，交互式的 GIS 地图为用户使用地理信息提供了基本的用户接口。从应用的角度来理解 GIS：GIS 就是由要素、栅格、拓扑、网络等要素组成的空间数据库，GIS 是提供空间可视化、查询、分析和数据编辑等功能的地图软件。

ArcGIS 是目前主流的 GIS 软件，本节中的 GIS 辅助处理都是通过 ArcGIS 来完成的，包括研究区域的区县划分、影像裁剪辅助矢量的提取以及专题图的制作等。

（二）GIS 辅助处理

1. 研究区域的县区划分

本节中使用的基本 GIS 数据是唐山市 1990 年、2000 年、2010 年三期 TM 遥感影像（每期 3 景）、唐山市 DEM 数据、唐山市 1∶50000 地形图。我们需要把这部分区域提取出来，而提取主要是通过属性查询来完成的，下面以唐山市为例给出提取过程：

第一步，通过 SQL 语句（select * from region where（"SMC" LIKE（'唐山市'））AND（（"XMC" LIKE（'唐山市'））））选中唐山市。SQL（Structure Query Language）是结构化查询语句，ArcGIS 本身是支持结构化查询的。

第二步，通过 ArcGIS 的 Data → Export 工具将选中的要素导出为 Shp 数据。

2. 影像裁剪辅助矢量的提取

对于上面提取的唐山市数据，还不能用于遥感影像的裁剪，因为遥感影像的裁剪需要的是行政市的轮廓，然而以上提取的数据行政市并不是最小单位，如图3-1所示，最小单位是县区。

为了使数据能够用于遥感影像的裁剪，必须将数据进行融合，融合可以通过ArcGIS工具箱中的Dissolve命令来解决。

3. 分类专题图的制作

对于遥感影像分类的结果，需要将分类的结果展现出来，这里需要使用ArcGIS的制图工具来完成。在ArcMap中，通过渲染方式的应用将地图属性信息以直观的方式表现为专题地图。这里还是以唐山市为例给出分类专题图的主要步骤：

第一步，加载图层，将分类转化Shp文件拖到ArcMap中，对应图层为bcq。

第二步，在Layer properties中点击Symbology项，如图3-1所示，将All of them点掉，设置渲染参数为：类别为Only，字段值为ClassName，然后点击Add按钮。

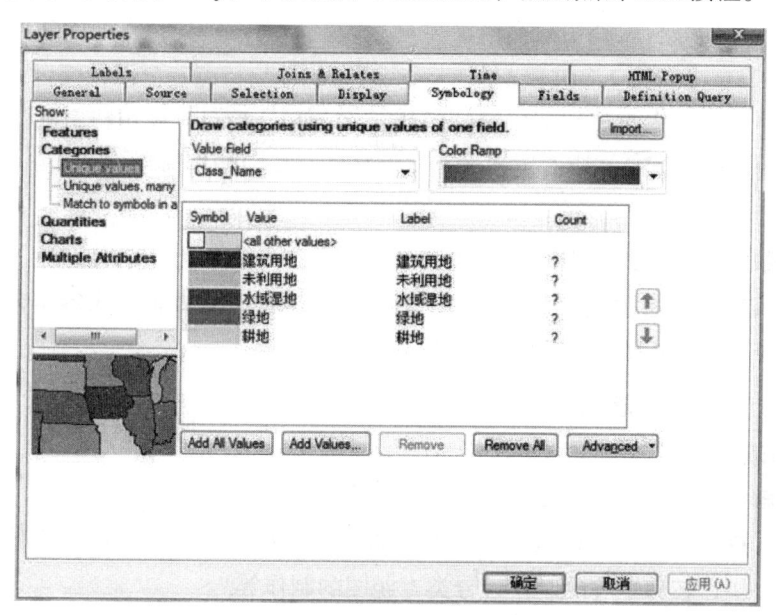

图3-1 按照类别定制显示颜色

第三步，点击左下角的Lay Out View，切换到另一个视图，点击Insert→Lagend菜单项，按照创建向导一步一步添加图例。

第四步，点击Insert→Title菜单项，按照向导添加专题图名称，最后得到的1990年唐山市分类专题图。

以此类推，将按照同样的方法分别给出唐山市在1990年、2000年和2010年的分类专题图。

（三）遥感RS技术简介

1. 大面积同步测量

传统的数据采集方式，都是以点为单位，而且测量还受到地形的影响，实施起来非常困难。而遥感观测不受地形阻隔的影响，是获取地表信息的很好方式。遥感平台越高，获取的范围就越宽广，对于大面积的变化规律很容易发现，这是在几何空间的规律，如果利用多时相的遥感影像，可以发现在时间轴上的变化规律。本节中采用的两幅遥感影像覆盖了整个唐山市，同时利用1990年、2000年和2010年的影像来研究地物在这些年的变化规律，从内部机理上来研究唐山市在这些年的生态变化，并给出评价指标。

2. 时效性强

可以在短时间内对同一区域重复探测，发现许多事物的动态变化。对研究地球表面一定时期内的变化规律非常重要。不同遥感平台的重复周期不同，从几个小时到几天不等，有的甚至可以随时调动观测。在汶川地震时，遥感技术得到充分应用，对于震前和震后的影像进行比对和分析，有利于开展搜索营救工作。本节采取的遥感影像是相隔10年的，并不是因为遥感平台的采集周期是10年，而是对于生态而言，变化并不是那么明显，所以采取10年为间隔，来探寻其变化。

3. 内容丰富

遥感影像数据综合反映了研究区许多自然人文信息。例如，本节中使用的遥感影像来自Landsat卫星，它的7个波段都分别反映特定的地物特点，可以较综合地反映地质、地貌、土壤、植被、水文等特征广阔的领域。本节在分类时，采用特定的波段组合来进行不同地物的采样，就是利用波段组合的不同特性，反映特定地物。

4. 经济

传统的数据采集方式，点采集方式要耗费大量的人力物力，而且这些人力物力还需要定期更新实施。而遥感这一采集方式，具有大范围、时效性强、内容丰富的特点，大大降低了传统采集方式所带来的经济开销。

（四）遥感RS影像解译

1. 解译软件

在整个解译过程中，需要使用到以下三个软件：

ArcGIS：GIS制图与分析软件，主要负责一些辅助性的工作，包括影像分割中一些矢量数据的提供，转移矩阵的制作，分类专题图的制作等。

Erdas：影像处理软件，主要负责解译中的一些辅助性工作，包括grid文件的生成等。

ENVI：影像处理软件，是解译过程中主要使用的软件。它是所有类型的数字影像可视化、分析、呈现的理想软件，它的完整功能包括高端的容易使用的光谱工具、几何校正、地形分析、雷达分析、矢量栅格兼容功能等。本节使用到了它的几何校正、影像分割、影像镶嵌和影像分类功能，下面将一一介绍。

2. 几何配准

由于唐山市由三幅影像包含，有些县区分布在两幅影像中；而且对于1990年、2000年和2010年三年的影像，在拍摄的时候处于不同的环境中，处理的手段也不一定相同，影像之间也存在相对几何变形。因此有必要采用配准来使得影像之间相互匹配。使用配准可以使得一副影像与另一幅影像在几何关系上相互匹配，你可以通过交互的方式在影像窗口中选择地面控制点。ENVI 通过多项式变换、旋转、缩放和平移等操作来完成几何配准。重采样的方法包括最近邻法、双线性内插法和三次卷积法。对于配准精度的评估可以通过 ENVI 的多幅影像叠加功能来实现。

使用 ENVI 来完成几何配准主要通过以下几步：

（1）选择参考影像与待配准的影像。

打开两幅图像，选择菜单项 Map → Registration → Select GCPs：Image to Image，在打开的影像配准对话框中，分别选择参考影像与待配准影像。

（2）采集地面控制点。

对于两张影像的结合配准，地面控制点的选择直接影响配准的质量。通过在影像上识别同名点对，把它们添加到控制点列表中。在控制点选择对话框中显示着你选择的控制点对。当你选择的控制点个数超过一定的数目时，在控制点选择对话框中显示着总误差，在控制点列表中显示着每一个点的均方根误差。为了达到最佳的结果，试着调整 RMS 值较大的像素点或者直接把它删除，也可以通过多添加一些点来降低误差。如果选择的点很有限，可以将它们尽量分布在整个影像区域。

（3）选择转化方法。

在选择地面控制点后，就可以计算转换参数了，转换参数根据选择的转换方法不同而不同，转化方法包括以下几种：

RST：旋转、缩放、平移，这是最简单的方式。RST 变换方法使用下面仿射变换：

$$\begin{cases} x = a_1 + a_2 X + a_3 Y \\ y = b_1 + b_2 X + b_3 Y \end{cases} \tag{3-1}$$

多项式变换：多项式变换可以从 1 阶到 n 阶。阶数的选择依赖于控制点的个数，它们之间满足关系：一阶多项式变换公式如下：

$$\begin{cases} x = a_1 + a_2 X + a_3 Y + a_4 XY \\ y = b_1 + b_2 X + b_3 Y + b_4 XY \end{cases} \tag{3-2}$$

三角变换：Delaunay 三角变换通过调整三角形到非规则的控制点，并且对输出的格网值进行插值。

通过以上的任意一种转换方法和充足的控制点就可以解算转换参数。

（4）选择重采样方法。

对于转换后的影像需要进行重采样，重采样的方法包括以下几种：

最近邻法：通过使用最近的元素，而不使用插值来创建转换后的影像。

双线性内插法：通过使用四个像元来完成双线性内插转换影像的重采样。

三次卷积：通过使用 16 个元素和三次多项式来完成重采样。三次卷积相对于以上两种方法速度要明显小得多。

通过选择和配置之后，就可以进行几何配准了。

（5）评价配准精度。

将配准后的影像调入 ENVI，然后通过多幅影像叠加来评价配准精度。

3. 影像分割

对于本节中使用的数据来自三幅遥感影像，而本节是以县区为评价单位的。因此有必要利用已有的县区矢量图（通过 GIS 辅助处理中介绍的方法提取），将各个县区的影像分割出来。

利用 ENVI 进行影像分割。因为本文裁剪影像是通过 ROI 方式来实现的，因此首先介绍一下 ROI，然后再给出通过 ROI 分割影像的说明。

ROI，即感兴趣区域，可以通过图形交互式或者其他方式来选择，它是针对特定影像的。ROI 的典型应用包括分类统计、掩膜、影像分割等功能。你可以使用任何区域、点或者矢量作为 ROI。ENVI 允许你通过绘制的方式在图像窗口、滚动窗口或者缩放窗口定义 ROI。从数据类型上来讲，ROI 是一种矢量数据类型，他可以通过其它数据类型转换而来，如 ArcGIS 的 Shp 格式。

影像分割主要包括以下两个步骤：

（1）为影像指定 ROI。

打开要进行分类的影像，打开用于分割的 Shp 数据，将 Shp 数据存为 ROI，并选择指定要进行分割的影像为 ROI 对应的影像。

（2）通过 ROI 分割影像。

在 ENVI 的主菜单中，选择菜单项 Basic Tools → Subset Data via ROIs，选择待分割的影像，选择空间分割选项，并且从 ROI 列表中指定 ROI，并且指定非感兴趣区域的值为 0，最后执行分割。

4. 影像镶嵌

对于一个县区来自于三幅影像的情况，需要利用两幅影像来拼接这个区域。处理方式包括以下两种：一是将两幅影像进行镶嵌，然后从中裁剪相应的县区；二是先将影像区域裁剪出来，然后进行镶嵌，最后再进行裁剪。本节采用第二种方式，由于受影响的区域主要是唐山市，所以首先在两幅图中分别裁剪唐山市里的区域，然后再将它们镶嵌，最后再裁剪特定的县区。利用 ENVI 进行影像镶嵌：

（1）分割出待镶嵌的影像。

在第一幅影像和第二幅影像分别裁剪包含唐山市的部分影像图，得到两幅影像，两幅图存在明显的色差。

（2）进行影像镶嵌。

选择 Basic Tools → Mosaicking → Georeferenced 菜单项，在弹出的窗口中选择 Import → Import Files and Edit Properties 导入影像，并且编辑属性，配置背景忽略值，羽化距离，切线羽化，设置色彩平衡，一副影像设置为固定，另一幅影像设置为调整。影像导入完成之后，点击 File → Apply 弹出镶嵌参数配置窗口，选择重采样方法为三次卷积法，将背景值设置为 0，在色彩平衡中选择使用重叠区域。至此就完成影像拼接的全部配置工作，进而进行拼接工作。

通过以上的镶嵌结果和镶嵌之前对比可以看出，ENVI 的羽化效果可以明显地降低两幅影像之间的色差。

5. 影像分类简介

遥感图像分类是遥感信息提取与制图的重要环节，它将遥感图像按照灰度级别分为不同的地物类别。遥感图像分类是指根据遥感图像中地物的光谱特征、空间特征、时相特征等，对地物目标进行识别的过程，图像分类通常是基于图像像元的灰度值，将像元归并成有限几种类型。按照人工干预的程度及方式，影像分类可以分为监督分类和非监督分类。本节分类中主要使用的分类是监督分类，对于一些监督分类效果不好的影像，也采取了非监督分类处理。

（1）监督分类。

利用监督分类将像素点集归入特定的类型需要人为的定义训练样本。训练样本也就是一组感兴趣的区域。选择那些你想展现的具有代表性的物体。你选择的感兴趣区域必须是同步的。你可以通过（ENVI 中）N 维可视化浏览器浏览相邻类的重叠程度来检验你所选择的感兴趣区域的分离程度。监督分类包括以下几种方法：平行六面体法、最短距离法、马氏距离法、最大似然法、波谱角法、光谱信息离散法、二进制编码法。

平行六面体法：平行六面体分类法使用一种简单的规则进行多光谱数据的分类。决策的界限在空间形成了 n 维的平行六面体分类。平行六面体分类的维数由你所选择的训练样本的标准差阈值决定。如果一个像素点它在 n 个波段上的值，都位于某个类的最高阈值和最低阈值之间，那么就将它归入此类。如果它没有归入任何一个类别，则将它归入未分类。

最短距离法：最短距离分类法使用每个终端像元的均值向量组，通过计算每个未知像元到每个类的均值向量的距离，一般情况下，位置像元会被归入距离最近的类别，除非在一些情况下使用了标准差和距离阈值限定，在这种情况下如果不满足这些限定，将被归入未分类。

马氏距离法：马氏距离分类法是一种方向敏感的距离分类器，它通过使用每一个训练样本的统计信息进行分类。它有些类似于最大似然分类法，但是它假设所有类的协因数矩阵相等，因此是一种速度更加快的方法。所有的像素将被归入最近的 ROI 类别中，除非限定了距离阈值，在这种情况下，它们不满足阈值，将被归入未分类。

最大似然法：最大似然分类法假设每个类别在每个波段上的统计信息服从正态分布，计算给定的像素属于这个类的概率。除非对概率添加限制，否则所有的像素都将被分类。所有的像素都将被归入概率最大的那个类。如果所算的最大概率小于所设定的阈值，那么这个像素将被归入未分类。

波谱角法：波谱角分类法是一种基于物理的光谱分类方法，通过使用 N 维的角度将像素值匹配到参考光谱。这种方法通过计算光谱间的角度，并且把它们看作维数等于波段数的向量来确定光谱间的相似性。

光谱信息离散法：光谱信息离散分类法是一种光谱分类方法，通过使用离散的方式将像素匹配到参考光谱。离散值越小，像素就越相似。测量的像素值如果大于规定的最大的离散阈值，将被归入未分类。

二进制编码法：二进制编码分类计数将数据和最终像元编码为零或者一，取决于波段低于或者高于光谱均值。然后采用逻辑运算函数将编码的数据光谱与参考光谱进行比较从而产生影像。

监督分类除了以上方法之外，还有许多方法将现代的数学方法应用在内，包括神经网络法、支持向量机的分类方法，在这里不做介绍。本节所使用的监督分类方法是最大似然分类法。

（2）非监督分类。

使用非监督分类基于统计信息聚类像元值到一定的数据集，而不需要定义训练样本。本节对于一些分布比较破碎的区域，或者监督分类效果不是很好的区域，采用了非监督分类法。非监督分类方法包括ISODATA分类法和K均值分类法。

ISODATA非监督分类：ISODATA非监督分类法计算均匀分布在数据空间的均值，然后使用最短距离技术迭代聚集剩余的像元。每次迭代过程都要计算均值，然后使用新的均值对像元进行分类。每个迭代过程要进行分割、合并和删除，这些都基于输入的阈值参数。所有的像元将被归入最近的类别，除非给出了标准差和距离规定，这些像元没有满足规定，将被归入未分类。这一过程将持续下去直到每一类别中的像元变化数小于选择的像元变化数阈值或者最大的迭代次数已经达到。

K均值非监督分类：K均值非监督分类法计算均匀分布在数据空间的初始类别均值，然后使用最短距离技术迭代聚集像元。迭代过程与ISODATA非监督分类方法类似。

6. 影像分类

由于本节主要采用监督分类，而且非监督需要人工干预的比较少，这里以监督分类为例，使用的工具为ENVI，对整个分类过程进行介绍。

（1）分类准备工作。

由于本节分类并不是目的，生态安全评价才是最终的目的。因此首先将三年的同一区域的影像打开，调入视图，综合考虑确定待分类的类别。打开待分类影像，对其进行ROI筛选。

（2）训练样本的采集。

对于监督分类ROI采集的频率以及识别分类的精度直接影响着监督分类的结果，训练样本的采集要遵循一定的规则：尽可能多一些，分布尽可能均匀一些。训练样本的选择也是通过ROI来完成的。在ROI Tool对话框中定义上一步骤中所确定类别个数的ROI，并设定ROI的类型为Polygon，针对每一种ROI，在影像中均匀地采集充分数目的ROI。

考虑到唐山市的景观特征以及研究目的，将研究区主要划分为以下5种土地利用类型：建设用地、湿地、绿地、耕地和未利用地，由于研究区域的绝大部分县市区林地较少，在解译时绿地和林地易混淆，所以在分类时人为地把土地利用类型中的林地和草地合并到一起，统称为绿地。

根据以上方法以及为了后续工作的需要，计算景观生态学指数等需要将分类的结果转化为矢量格式，ENVI 提供了现成的命令。为了直观地了解给出这几十年唐山市地类变化情况，下面给出了 1990 年、2000 年和 2010 年的分类专题图（专题图的制作已经在 GIS 辅助应用中介绍）。

（3）执行分类。

选择非监督分类中的最大似然分类法，设置最大似然估计的阈值为 0.75，继续完成监督分类。

（4）分类后处理。

分类之后要对分类的结果进行分析和处理，一方面评价上一步中的分类结果如何，另一方面要对分类结果进一步进行处理，为生态安全评价服务。

混淆矩阵是通过比较分类结果与地面真实观测信息来反映分类结果精度的。ENVI 提供了使用地面真实影像或者使用地面真实的 ROI 来计算混淆矩阵，本节使用真实的 ROI 来计算混淆矩阵（ROI 是通过在原始影像上重新采集得到的）。在任何一种情况下，都可以计算出总分类精度、Kappa 系数、混淆矩阵。

总分类精度：总分类精度是由分类正确的像素点数除以总的像素点数得到的。定义真实的 ROI 决定了像素属于的真正类别。混淆矩阵对角线上的元素的值是分类正确的像素的个数。真实的 ROI 所定义的像元数目为总的像元数目。

Kappa 系数：Kappa 系数是另外一种衡量分类精度的标准。它可以通过混淆矩阵和像元总数推演而来。它的范围在 0~1，处于不同区间说明不同的一致性：0~0.20 表示极低的一致性，处于 0.21~0.40 表明一致性一般，0.41~0.60 表明中等的一致性，0.61~0.80 表明一致性很高，0.81~1 表明几乎一致。

混淆矩阵：混淆矩阵是通过比对像素点实际的类别与分类结果中的类别来计算的。混淆矩阵的每一列代表实际的类别，而每一列中的值则代表实际分类情况。

下面以唐山市的实际计算结果为例，给出详细说明（见表 3-5）。

总体精度：62.7839%，Kappa 系数：0.5453。

表3-5 混淆矩阵（地面真实像元）

类别	建设用地	湿地	绿地	耕地	未利用地	合计
建设用地	1134	3	7	380	1	1525
湿地	0	1558	0	3	0	1561
绿地	0	4	1549	1355	0	2908
耕地	76	6	236	894	3	1215
未利用地	754	7	0	884	1139	2784
合计	1964	1578	1792	3516	1143	9993

从总体精度和 Kappa 系数可以看出，分类效果中等偏上。从混淆矩阵中可以看出分

类正确的像元数以及错误分类的取出，以建设用地为例，有1134个像元分类正确，有3个像元错分为湿地，7个像元错分为绿地，380个像元错分为耕地，1个像元错分为未利用地。

二、遥感影像的数据提取

1. 遥感影像信息

针对唐山市的区域较大，以及湿地、城市化、工业化用地与人工湖等分类难度较大的特点，选取了解析度为30米、有7个波段的美国的Landsat 5卫星的TM图像以及分辨率为30米（其中全色波段的分辨率是15米）、有8个波段的Landsat 7卫星的ETM图像。本生态安全评价中，共选取了1987年、1997年和2007年3期遥感图像，其中1987年和1997年的遥感图像是Landsat 5卫星的TM图像，2007年的遥感图像是Landsat 7卫星的ETM图像。覆盖整个唐山市需要4景遥感数据，其轨道号分别是12034、12134、12234、12135。

2. 土地分类面积数据提取

对遥感图像进行一系列预处理之后，利用ENVI 4.7分别打开已经预处理完成的不同年份的各区县ENVI Image格式遥感图像。该格式文件无扩展名。

本节的分类主要采用监督分类中的最大似然法进行分类。在ENVI中打开预处理后的Image格式待分类遥感图像，定义完感兴趣区域后，在主菜单Classification下选择Supervised，再选择Maximum Likelihood执行分类。

分类后的遥感图像可以通过Basic tools下的Statistics选项进行地类面积的提取，执行完上述操作可以得到各个像元值的数量及所占比例，再采用TM遥感影像的分辨率是30m的信息，计算得到各个地类的面积数据。

本节参考相关文献分类方法，同时考虑研究区域的土地利用特点，对研究区域分类结果如表3-6所示。

表3-6 研究区域土地分类

一级类型	二级类型
耕地	水田、旱地
林地	有林地、灌木林、疏林地、其他林地
草地	高覆盖度草地、中覆盖度草地、低覆盖度草地
水域	河渠、湖泊、水库坑塘、滩涂
城乡、工矿、居民用地	城镇用地、农村居民点、其他建设用地
未利用土地	沙地、戈壁、裸土地、其他用地

根据上述方法，得到研究区内1990年、2000年和2010年各种土地利用类型面积，见表3-7。

表3-7 唐山市1990年、2000年和2010年土地利用现状（单位/km²）

类型	1990年	2000年	2010年
耕地	596.555	572.980	558.740
草地	39.871	45.735	42.556
林地	137.531	140.952	147.069
工矿	183.836	220.457	236.415
水域	216.314	251.207	276.413
未利用	170.663	113.439	81.567
总计	1344.770	1344.770	1344.770

3. 景观生态学指数提取

景观生态学是由生态学衍生出的新学科，不同的景观组成了一个特定的庞大的生态系统，这些不同的景观之间的空间机构变化是该学科研究的重要部分。景观生态学的指数提取采用景观生态学和遥感技术相结合，利用遥感技术划分景观类型。

本节采用斑块密度（PD）、平均斑块面积（MPS）、景观形状指数（LSI）、斑块聚集度指数（AI）、斑块结合度指数（COHESION）、香农多样性指数（SHDI）、香农均匀度指数（SHEI）和聚集度（CONT）共8个指标，对斑块类型、景观两个层次进行景观格局分析。与此同时，本节在3个不同空间粒度上（30×30，100×100，500×500）进行空间异质性分析。部分指标含义及公式如下：

（1）景观破碎度。

景观破碎度反映了一个大面积连续的生境在外力干扰下被分割的程度，该指数能够反映生境的稳定性和人类干扰活动的强弱。计算公式为：

$$c = \sum n_i / A \tag{3-3}$$

式中，c为景观破碎度，$\sum n_i$为研究区内所有景观类型斑块的总个数，A为研究区总面积。

（2）景观多样性指数。

一个景观系统中包含的景观类型越丰富表明其景观多样性越大，随之景观多样性指数值越大。本节采用的是景观多样性指数中的修正香农景观多样性指数（Modified Simpson's Diversity Index），计算公式为：

$$MSIDI = -\ln \sum_{i=1}^{m} p_i^2 \tag{3-4}$$

式中，Pi为景观类型i所占的比例，m为景观类型的数目。

（3）湿地聚集度指数。

$$WD = P_{(CONT)} / A \tag{3-5}$$

式中，WD 为湿地密度，P 为湿地斑块面积，A 为研究区总面积。

由以上的指标含义及公式中可以看出只要得到各个景观类型的斑块个数，就可以得到景观破碎指数、景观多样性指数和湿地密度指数三个指标。本节中对于景观生态学指数的提取主要用到 Fragstats3.3 软件。Fragstats 支持 ArcGrid 文件格式，首先用 ENVI 把分类后的 Image 格式转化为 Erdas Image，再用 Erdas 转化为 ArcGrid，Media 选择为 File，此时注意 Output file 的保存路径要为英文，因为 Fragstas 不识别中文路径。进入界面，Fragstats→Set Run Parameters，选择输入文件的格式类型（ArcGrid），打开需要分析的文件，选择 Class（斑块）个数这一项，运行计算以及查看运算结果。

根据上述方法，得到研究区内在 30×30、100×100、500×500 三种粒度条件下，其 1990 年至 2010 年的景观指数变化情况，详见表 3-8。

表3-8　景观生态学指数

景观指数	年份	30×30	100×100	500×500
斑块密度	1990	0.460	0.248	0.105
	2000	0.507	0.331	0.149
	2010	0.473	0.274	0.121
边界密度	1990	7.489	4.449	1.458
	2000	9.004	5.218	2.945
	2010	8.145	4.973	1.771
平均斑块面积	1990	2795	6643	8225
	2000	1649	5715	7412
	2010	2219	6184	8041
最大斑块指数	1990	38.000	46.000	55.000
	2000	17.000	27.000	39.000
	2010	25.000	38.000	43.000
景观形状指数	1990	7.300	5.160	4.490
	2000	15.710	12.560	10.070
	2010	17.230	15.240	13.140
正方像元指数	1990	0.884	0.761	0.693
	2000	0.916	0.897	0.775
	2010	0.927	0.882	0.761
双对数分维数	1990	1.114	1.268	1.307
	2000	1.273	1.308	1.333
	2010	1.284	1.313	1.394
景观聚集度指数	1990	70.100	56.148	46.179
	2000	35.447	28.548	19.486
	2010	32.195	26.478	17.227
Shannon-Weaver 多样性指数	1990	0.848	0.848	0.848
	2000	1.034	1.034	1.034
	2010	1.119	1.119	1.119
斑块丰富度	1990	2.847	2.847	2.847
	2000	2.939	2.939	2.939
	2010	3.476	3.476	3.476

4. 精度检验

使用 ENVI 4.7 中 Confusion Matrix 工具可以进行分类精度检验，并将总体分类精度、Kappa 系数、错分误差、漏分误差、制图精度、用户精度等结果显示在一个混淆矩阵里，结果如表 3-9~ 表 3-11 所示：

表3-9 唐山市1990年土地利用/覆被分类精度检验混淆矩阵

总体精度 /Overall Accuracy：86.4%　　Kappa 系数：0.86

项目	错分误差	漏分误差	制图精度	用户精度
耕地	0.187	0.456	0.779	0.847
林地	0.558	0.005	0.838	0.900
草地	0.469	0.279	0.893	0.942
水体	0.048	0.218	0.951	0.969
建筑用地	0.802	0.215	0.869	0.881
未利用土地	0.259	0.598	0.944	0.937

表3-10 唐山市2000年土地利用/覆被分类精度检验混淆矩阵

总体精度 /Overall Accuracy：85.9%　　Kappa 系数：0.80

项目	错分误差	漏分误差	制图精度	用户精度
耕地	0.211	0.101	0.841	0.858
林地	0.443	0.531	0.769	0.801
草地	0.258	0.695	0.690	0.735
海滩	0.026	0.149	0.928	0.933
建筑用地	0.199	0.224	0.875	0.910
未利用土地	0.717	0.426	0.891	0.924

表3-11 唐山市2010年土地利用/覆被分类精度检验混淆矩阵

总体精度 /Overall Accuracy：89.7%　　Kappa 系数：0.79

项目	错分误差	漏分误差	制图精度	用户精度
耕地	0.156	0.313	0.887	0.898
林地	0.355	0.437	0.809	0.920
草地	0.169	0.693	0.890	0.955
海滩	0.398	0.026	0.936	0.954
建筑用地	0.103	0.285	0.844	0.921
未利用土地	0.308	0.112	0.912	0.953

Kappa 系数均高于最低允判精度 0.7，唐山市 3 个时相的土地利用 / 覆被分类专题图的精度符合要求。

5. 土地分类转移矩阵

由于本节中的水土流失面积比例指标需要用到湿地、耕地、绿地转化成未利用地的面积。所以需要通过 1987 年到 1997 年和 1997 年到 2007 年的土地类型转移矩阵中得到 19 个县市区的水土流失面积比例。同时为了分析 1987 年、1997 年和 2007 年这 20 年间的土地利用空间格局变化，也需要用到 1987 年到 2007 年各县区市的土地分类转移矩阵。

（1）数据准备。

准备两幅不同时间的土地利用 Shp 格式分类图，每幅图都要有表示分类名称的属性字段，本节在遥感图像分类时每个类别的名称都是固定的（湿地、建设用地、耕地、绿地、未利用地）。

（2）数据融合。

对于以上两个时段的矢量数据，是通过分类结果转换而来的，包含了数以万计的"分类地物"，对于这么大的数据量，运算起来十分费时，因此有必要先将这些数据按照分类的类型进行融合，然后再进行运算，从而提高运算的速度。融合部分可以通过 ArcToolBox 中的 Dissolve 工具完成。

（3）叠置分析。

对于转移矩阵的计算，需要两个时间的重叠地物的面积，因此需要重叠部分的面积，ArcToolBox 中 Intersect 提供了叠置功能，并且可以通过 ArcGIS 中的内置工具将重叠部分的面积导出。

（4）制作转移矩阵。

将上一步骤中导出的面积数据导入 Excel，利用 Excel 计算状态转移矩阵（见表 3-12 和表 3-13）。

表3-12 唐山市1990~2000年土地转移矩阵

项目	耕地	草地	林地	工矿建筑用地	水域	未利用土地
耕地	533.194	0	0	0	0	39.786
草地	8.007	25.938	2.047	0	0	9.743
林地	2.994	5.759	113.450	0	14.299	4.451
建筑用地	31.649	7.227	11.515	120.000	0	50.066
水域	20.711	0.947	10.519	34.812	163.420	20.798
未利用土地	0	0	0	29.025	38.595	45.819

表3-13 唐山市2000~2010年土地转移矩阵

项目	耕地	草地	林地	工矿建筑用地	水域	未利用土地
耕地	549.78	3.018	0	0	0	5.942
草地	4.221	36.782	1.553	0	0	0
林地	1.880	0	129.132	0	16.057	0
建筑用地	14.365	5.935	10.267	190.635	2.100	13.113
水域	2.734	0	0	13.506	227.733	32.440
未利用土地	0	0	0	16.316	5.317	59.934

6. 土地利用/覆被动态变化趋势预测及规律

目前，预测土地利用/覆被动态变化趋势并进行动态分析时，主要运用数量分析模型、速率分析模型、动态度模型等定量化模型为主要研究手段。本研究采用单一土地利用/覆被速率模型 Rs、单一土地利用/覆被动态度模型 Rss、单一土地利用/覆被状态指数模型

Ps、综合土地利用/覆被速率模型 Rt、综合土地利用/覆被动态度模型 Rts、综合土地利用/覆被状态指数模型 Pt 进行土地利用/覆被动态变化趋势预测及规律分析，具体如下：

$$R_s = \frac{U_{in} - U_{out}}{U_a} \times \frac{1}{T} \times 100\% \tag{3-6}$$

$$R_{ss} = \frac{U_{in} + U_{out}}{U_a} \times \frac{1}{T} \times 100\% \tag{3-7}$$

$$P_s = \frac{U_{in} - U_{out}}{U_{in} + U_{out}} \tag{3-8}$$

$$R_t = \frac{\sum_{i=1}^{n} |U_{in\text{-}i} - U_{out\text{-}i}|}{2\sum_{i=1}^{n} U_{ai}} \times \frac{1}{T} \times 100\% \tag{3-9}$$

$$R_{ts} = \frac{\sum_{i=1}^{n} |U_{in\text{-}i} + U_{out\text{-}i}|}{2\sum_{i=1}^{n} U_{ai}} \times \frac{1}{T} \times 100\% \tag{3-10}$$

$$P_t = \frac{\sum_{i=1}^{n} |U_{in\text{-}i} - U_{out\text{-}i}|}{\sum_{i=1}^{n} |U_{in\text{-}i} + U_{out\text{-}i}|} \tag{3-11}$$

式中，U_a 为研究初期某土地类型面积，U_{in} 为研究期间某土地类型转入土地面积，U_{out} 为研究期间某土地类型转出土地面积，U_{ai} 为研究期间 i 种土地类型面积总和，$U_{in\text{-}i}$ 为研究期间其他类型土地转化为 i 型土地的面积总和，$U_{out\text{-}i}$ 为研究期间 i 型土地转化为其他类型土地的面积总和，T 为研究时间。

根据式 3-6~3-11，计算得到唐山 1990~2000 年，唐山 2000~2010 年土地利用/覆被动态变化统计表，结果如表 3-14、表 3-15 所示：

表3-14 唐山1990~2000年土地利用/覆被动态变化统计表

项目	Rs	Rss	Ps	Rt	Rts	Pt
耕地	-0.395	1.729	-0.229			
草地	1.471	8.460	0.174			
林地	0.249	3.751	0.066	0.060	0.255	0.236
水域	1.992	8.937	0.223			
建筑用地	1.613	6.504	0.248			
未利用土地	-3.353	11.277	-0.297			

表3-15 唐山2000~2010年土地利用/覆被动态变化统计表

	Rs	Rss	Ps	Rt	Rts	Pt
耕地	-0.239	0.539	-0.443			
草地	-0.797	3.694	-0.216			
林地	0.445	2.164	0.206	0.033	0.111	0.296
水域	0.868	4.112	0.211			
建筑用地	1.165	3.336	0.349			
未利用土地	-1.750	4.285	-0.408			

第三节 研究结果

一、研究结果

1. 土地转移变化

由土地转移矩阵可知，唐山市在1990年至2000年间土地利用/覆被变化较为剧烈，各种土地类型转入、转出比例均很大。其中，建筑用地、水域增长速度最快，且转入转出变动显著，主要由未利用土地和耕地转入，以及两者之间的相互转化；林地、草地变化较为平稳，稳中有升；而耕地、未利用土地都出现了不同幅度的减少，其中未利用土地变化最为明显。

唐山市在2000年至2010年间土地利用/覆被变化较之前相比，变化相对平缓，集中表现为增速、减速降低，转入、转出比例下降。其中，建筑用地仍为增长速度最快的土地类型，其次为水域，两者转入转出变动显著，但较之前相比，已趋于稳定，转入来源主要为耕地、未利用土地和林地；林地面积持续增加，且转入转出变动较小，基本处于稳定状态；而耕地、草地、未利用土地依然呈现持续减少的趋势。

2. 土地利用/覆被动态变化

唐山市在1990~2000年期间，综合土地利用/覆被状态指数模型 Pt 为0.236，近似等于0。这表明，在此期间，唐山市土地利用/覆被动态变化频繁，并处于转出—转入均衡状态。同时，未利用土地动态变化度 $Ps=-0.297$，绝对值为以上土地类型中最大的，即表明在此时期内，未利用地的动态变化速度是最快的，其次为建筑用地、耕地、水域、草地和林地。此外，林地、水域、建筑用地处于正向动态过程，即其土地规模朝扩大方向发展，并且扩大速度由大到小依次为建筑用地、水域、草地、林地；而耕地、未利用土地处于负向动态过程，即其土地规模呈缩减态势，并且缩减速度由大到小依次为未利用土地、耕地。

唐山市在2000~2010年期间，综合土地利用/覆被状态指数模型 Pt 为0.296，较之前10年有所提高，但仍近似为0。这表明，唐山市土地利用/覆被动态变化较之前相比，稍显稳定，但仍处于较频繁状态，同时其土地转出—转入较为均衡。同时，耕地的动态变化度 Ps=-0.443，绝对值为以上土地类型中最大的，表明耕地为此时期内动态变化速度最快的土地类型，其次为未利用土地、建筑用地、草地、水域和林地。此外，林地、水域、建筑用地处于正向动态过程，其土地规模朝扩增方向发展，且扩增速度由大到小依次为建筑用地、水域、林地；耕地、草地、未利用土地处于负向动态过程，其土地规模朝缩减方向发展，且缩减速度由大到小依次为耕地、未利用土地和草地。

总体来看，在整个检测期间，唐山市综合土地利用/覆被的动态变化较大，其中耕地、未利用土地的负向动态变化最为显著，而建筑用地的正向动态变化最为显著。

3. 景观格局演变及尺度效应

结合多尺度景观指数结果可知，斑块密度和边界密度先增大后减小，这反映了唐山市城市化进程的初期出现了景观破碎化、生境斑块隔离度增大的现象，而随着城市建设、规划的进一步科学、规范，斑块密度、边界密度在后期呈现逐渐减小的趋势。此外，平均斑块面积、最大斑块指数先减小后增大的变化趋势，进一步反映了唐山市城市化进程的变化规律。从景观结构复杂性角度进行分析，景观形状指数增加显著，正方像元指数、双对数分维数也均保持较高水平，说明了随着城市化进程的深入，景观的斑块形状呈现复杂化的趋势。而景观聚集度持续下降的趋势则从另一方面反映了景观的连续度下降、破碎度增加。

二、总结

（1）土地转移矩阵展现了唐山市土地利用方式的变化情况，不仅揭示了唐山市城市化建设进程中的规律，更反映了城市化进程中存在的问题。从总体来看，唐山市在近20年的城市化建设中，由耕地、未利用土地向工矿建筑用地转化的现象十分明显。虽然在政府"封山育林、退更换林、退更换草"等政策的影响下，林地面积稳中有升，草地面积也出现波动变化趋势，但唐山市植被覆盖型土地（耕地、林地、草地）总面积缩减现象明显，应当给予城市建设、工矿建筑等进程以警示。

（2）土地利用变化与景观格局变化是人类城市化进程导致的必然结果，也是人类改造自然的最主要方式。由土地利用变化和景观格局变化引起的生态系统组成、结构、格局的改变是显著且快速的。在城市尺度上，由于人类活动更加频繁且剧烈，其土地利用变化与景观格局变化更为强烈。土地利用和景观格局变化是生态承载力变化、生态系统服务变化的最主要驱动力之一，因而探寻、构建合理的城市生态系统组成、布局是当前城市生态调控的重点和难点。我们从土地利用变化和景观格局变化角度入手，在本章研究结果的基础之上，分析基于土地利用和景观格局的生态承载力及生态系统服务变化，以定性定量相结合的方式，进一步制定合理的城市生态调控措施。

第四章 唐山市生态承载力时空变化

由于没有经历第一次、第二次工业革命的变革，中国社会经历了以农业为主要产业的漫长时期。但是在中国人民共和国成立之后，特别是 1978 年改革开放之后，中国城市化进程取得了显著的进步，城市人口随之出现了膨胀效应。在中国城市化的进程中，资源型城市起到了举足轻重的作用，资源型城市自身的形成推动了城市化进程，同时，由于其能源输出作用，带动了周边城市、区域城市群的城市化进程。

随着人类对城市系统认识的加深，资源型城市的体制改革、经济改革、环境治理措施陆续发布。因此，本章提出了一个"以问题为导向""以需求为驱动力"的资源型城市生态承载力评价与调控方案，以期阐释资源型城市根本问题的所在，以及解决人类需求的根本方法。

本章所研究的评价方法以提高人类福祉、资源型城市可持续发展为目标，涵盖了城市生态系统社会、经济、自然三个维度，并通过基于生态足迹、生态承载力的理论，建立了资源型城市生态可持续性模型，以定性和定量的方法阐释了三个维度相互作用的机制、机理。

第一节 研究区域和方法

在本章研究中，我们基于生态足迹理论和生态承载力理论，建立了生态压力、生态占有率、生态—经济协调性和生态可持续性 4 个指数，构建了生态承载力评价模型。该模型不仅诠释了生态足迹和生态承载力理论，并且为其加入了社会维度和经济维度，使其更加符合"问题导向性"原则；同时，该模型将生态足迹与能源足迹、碳足迹相结合，以更全面的角度来分析城市系统的构成，精确定位资源型城市存在的问题，以期为资源型城市的生态调控策略研究提供理论基础和技术支持。

一、研究区域

唐山市是中国北部重要的工业城市，也是环渤海经济圈的核心城市之一，它位于 38°55′~40°28′N 和 117°31′~119°19′E 之间，年平均气温为 10.6℃，属于温带季风型气候。唐山市行政边界内的总面积为 13696.65 平方公里，常住人口为 760 万左右。

唐山市具备丰富的自然资源、矿产资源及交通区位优势，是连接环渤海经济圈与东北工业基地的枢纽城市。基于此，唐山市在 20 世纪 90 年代取得了经济快速增长，也为中国城市化、工业化、现代化进程提供了能源输出和能源支持。目前，唐山市以4300亿元人民币的国内生产总值，位居河北省第一、全国第十九，是最典型的资源型城市之一。

然而，由于其自身工业基地、资源城市的定位，能源产业一直作为城市发展导向。与此同时，基于京津冀协同发展以及环渤海经济圈的发展要求，唐山市成为能源产品的输出城市以及高能耗、重污染产业的输送城市。在这种双重压力下，唐山市正遭受着远强于其自身承载力的生态压力，导致区域内出现了严重的生境破碎、生态退化和环境污染问题，严重影响市内居民的生活水平，并且潜在威胁着环渤海经济圈的发展。因此，为实现唐山市以及环渤海经济圈的可持续发展，城市生态调控措施亟待施行。

二、数据和方法

本章研究依据2011年国家足迹账户（National Footprint Account），首先细化了生态足迹（Ecological Footprint），将能源足迹、服务足迹与生物足迹相结合；同时，结合生态承载力（Ecologcal Carrying Capacity），创建了生态压力（Ecological Tension），生态占用率（Ecological Occupancy），生态经济协调度（Eco-Economic Coordination）以及生态可持续性（Ecological Sustainability）。另外，为使各生产土地类型具有可比性，我们用全球公顷（GHA）或人均全球公顷（GHP）对各类足迹和土地类型进行标准化，产量因子和权衡因子则是采用区域尺度和全球尺度相结合的方式分别赋值。具体计算公式、计算方法及各指标、系数含义详见表4-1。

研究数据取自唐山市统计年鉴以及中央政府或下属部委编制的经济、社会统计年鉴，同时利用第三章所获取的唐山市1990~2010年期间的土地利用变化数据及景观格局数据。

表4-1 生态承载力评估模型

指标	计算公式	公式意义
生态足迹 （1）生物足迹 （2）能源足迹 （3）服务足迹	$EF = EF_P + EF_I - EF_E$ (1) $EF_P = N \cdot ef = N \cdot \sum_{i=1}^{n}[EQF_i \cdot (P_i/Y_i)]$ (2)	EF指唐山市生态足迹总值； EF_P指生产生态足迹 EF_E指输入、输出生态足迹差值 ef指研究区域内人均生态足迹 N指唐山市总人口数 EQF_i指生产货物i对应生态地类均衡系数 P_i指唐山市生产货物i的产量（或二氧化碳排放量） Y_i世界范围内货品i的产量因子
生态承载力	$EC = \sum_{j=1}^{n}(EQF_j \cdot B_j) = \sum_{j=1}^{n}(EQF_j \cdot YF_j \cdot M_j)$ (3)	EC指唐山市总体生态承载力 EQF_j指生产货物j对应生态地类的均衡系数 YF_j指唐山市范围内货物j的产量因子 M_j指唐山市可为货物j提供的生态土地面积
生态压力	$ET = EF_R/EC$ (4)	EF_R指唐山市可更新生态足迹总值，包括农业足迹、畜牧业足迹、森林足迹和渔业足迹 EC指唐山市生态承载力总值

续表

指标	计算公式	公式意义
生态占有率	$EO = ef/\overline{ef}$ （5）	ef 指唐山市人均生态足迹 $\overline{ef}$ 指世界范围内人均生态足迹
生态经济协调	$EEC = EO/ET$ （6）	EO 指生态占有率 ET 指生态压力
生态可持续性	$ES = \left(\dfrac{ET_{MAX} - ET}{ET_{MAX} - ET_{MIN}}\right) + \left(\dfrac{EO - EO_{MIN}}{EO_{MAX} - EO_{MIN}}\right)$ $+ \left(\dfrac{EEC - EEC_{MIN}}{EEC_{MAX} - EEC_{MIN}}\right)$ （7）	ET_{MAX}，ET_{MIN} 指全球范围生态压力最大值和最小值 EO_{MAX}，EO_{MIN} 指全球范围生态占有率最大值和最小值 EEC_{MAX}，EEC_{MIN} 指全球范围生态经济协调最大值和最小值

第二节 研究结果

一、生态足迹和生态承载力

由图 4-1 和图 4-2 可知，1990 年至 2010 年期间，唐山市人均生态足迹显著增加，人均生态承载力则显著减少，而且这种显著的变化趋势在生态足迹或生态承载力的各个组分中均有体现：

（1）碳足迹以 0.693 GHP 增量和 57.5% 的增长速度成为生态足迹最主要的组成部分，而渔业足迹以 0.132 GHP 增量和 198.6% 成为变化率最大的足迹类型。与此同时，农业、畜牧业、林业以及建筑足迹也显著增加，其增加率分别为 30.9%、65.5%、50.0%、82.7%。

（2）生态承载力的下降，则主要是由于森林承载能力降低而导致，1990~2010 年期间，森林承载力降低了 0.278 GHP，变化率为 -23.6%。海洋渔业承载力与渔业足迹相似，均为变化率最大的因子：0.171 GHP 减量和 -66.5% 变化率。农业、牧业、建筑也分别下降了 31.6%、24.4%、45.2%。

（3）生态赤字出现在 20 世纪 90 年代，并且呈现逐年扩大的趋势。

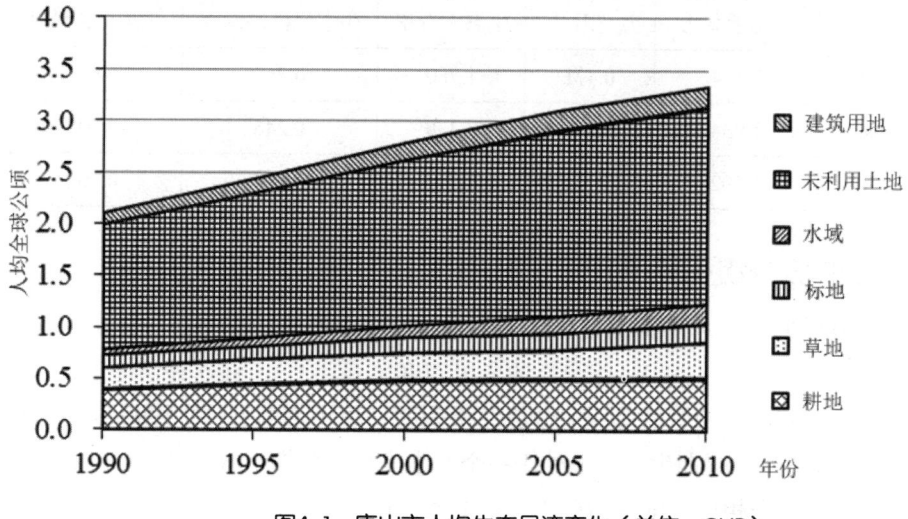

图4-1 唐山市人均生态足迹变化（单位：GHP）

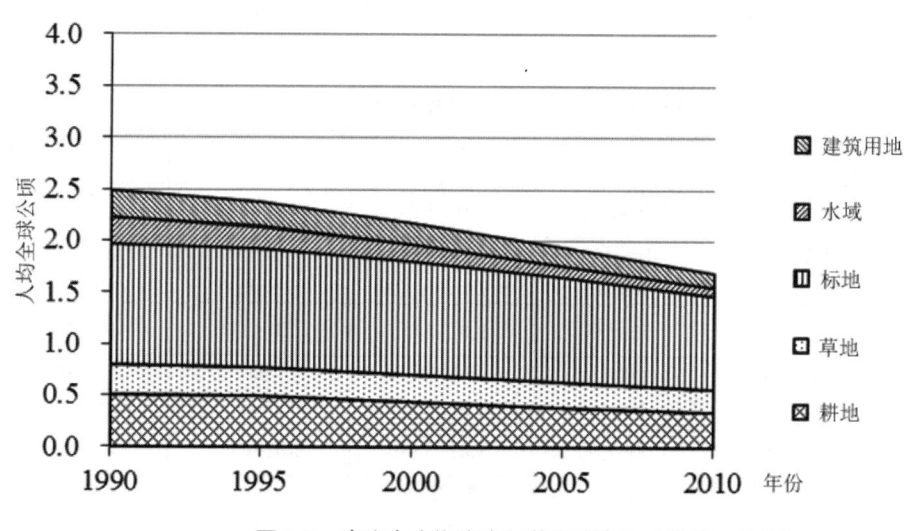

图4-2 唐山市人均生态承载力迹变化（单位：GHP）

二、生态压力、生态占有率、生态经济协调度和生态可持续性

如表4-2所示，1990年至2010年期间，唐山市生态压力和生态占有率呈现恒定增加的趋势，其增长率分别为131.2%和208.3%。而生态可持续性在此期间不断下降，累积减少32.0%。生态经济协调度则呈现1990~2005年下降，2005~2010年细微增长的态势。

表4-2 1990~2010年唐山市各生态指数变化情况

年份	生态足迹	生态承载力	生态压力	生态占有率	生态经济协调度	生态可持续性
1990	2.102	2.489	0.316	0.893	0.354	1.033
1995	2.427	2.382	0.375	1.256	0.299	0.965

续表

年份	生态足迹	生态承载力	生态压力	生态占有率	生态经济协调度	生态可持续性
2000	2.784	2.174	0.471	1.780	0.265	0.817
2005	3.096	1.934	0.573	2.330	0.246	0.708
2010	3.336	1.692	0.731	2.753	0.265	0.702

三、生态指标分级体系

本章采用了国际足迹账户所提供的147个国家1990~2010年生态足迹、能源足迹和碳足迹数据，通过聚类分析，提出了综合性的分级制度（表4-3）。在这种情况下，唐山市各个生态指标亦可被放入相应的等级。分级结果表明，唐山市的ET在1990年到2000年是5级，这意味着在这一时期生态环境处于一个非常安全的状态，而其ET在4级之后，这意味着城市的生态安全相比以前正遭受更多的威胁。EO于1990年是2级，在1995年至2000年变为3级，而自2005年以来唐山市的EEC一直在1级，这共同意味着城镇体系经济与环境之间的不平衡。1995年期间，全市ES在3级，2010年变成了2级，这意味着生态可持续性的下降。

表4-3 生态指标体系等级划分

等级	1	2	3	4	5
生态压力	>2.00 非常不安全 Very unsafe	2.00~1.51 不安全 Unsafe	1.50~1.01 相对安全 Relatively safe	1.00~0.50 安全 Safe	<0.50 非常安全 Very safe
生态占有率	<0.50 非常低 Very poor	0.50~1.00 低 Poor	1.01~2.00 相对高 Relatively good	2.01~3.00 高 Good	>3.00 非常高 Very good
生态经济协调度	<1.00 非常低 Very poor	1.00~2.00 低 Poor	2.01~3.00 相对高 Relatively good	3.01~4.00 高 Good	>4.00 非常高 Very good
生态可持续性	<0.50 非常低 Very poor	0.50~1.00 低 Poor	1.01~1.50 相对高 Relatively good	1.51~2.00 高 Good	>2.00 非常高 Very good

四、唐山市各县区生态可持续性分布

生态可持续性指数作为综合性指数，反映了研究区域生态足迹、生态承载力、生态压力、生态经济协调情况。我们选取生态可持续指数，以县区为研究单元，在1990~2010年的时间尺度上，研究唐山市生态承载力的空间变化。

唐山市各县区生态承载力水平变化剧烈，具体表现为：

（1）唐山市主城区中，路南区、路北区、开平区、古冶区始终维持在2级以上，其生态承载力水平极低；唐山市县级市中，遵化市、玉田市始终维持在3级以下，为唐山市重要的生态承载力供应来源。

（2）唐山市南部沿海地区生态承载力水平下降速度较快，其中曹妃甸区与乐亭县由 1990 年的 5 级急剧下降为 2010 年的 1 级，动态变化速率最大；迁西县、迁安市、滦县、丰润区、丰南区、滦南县由 1990 年的 5 级变为 2010 年的 2 级，动态变化速率较上述两个县区较缓。

（3）唐山市生态承载力整体水平由 1990 年的较高变为 2010 年的较低，反映了其城市发展过程中生态承载力急剧下降的趋势，为决策者敲响了警钟。

五、研究总结

（1）生态足迹和生态承载力，鉴于 EF 和 EC 分别为巨大的增量和减量，唐山市面临的生态赤字比以往任何时候都要严峻。其显著增加的碳足迹反映了唐山市的过高能源消费需求，而这一现象发生的原因则是由其特定的城市结构、以资源为基础的工业决定的。同样，EF 和 EC 的其他组成部分也展示了人类的需求和提供自然之间的矛盾。

（2）虽然有关森林生态系统发挥碳吸收的长期机制还没有确定，但森林提供生态承载力、承载碳足迹的能力，使其毫无疑问成为最有"价值"的生产性土地。然而，林地生态承载力总值在研究期间仍然下降了 50% 左右。因此，我们认为决策者在未来的城乡体系调整、能源结构多元化以及环境污染监控的过程中，应加大对森林的保护力度。

（3）渔业生态承载力下降的主要原因是沿海地区的快速工业化。在过去的 20 年里，数量巨大的工程已从北京和天津搬迁到唐山市，这一方面是为了减少这两个城市的负担，另一方面是为了实现环渤海经济圈的可持续发展。然而，唐山市海岸带过速工业化导致在其沿海地区渔业承载力的显著下降，不足以维持其当前城市自给自足的要求。

（4）生态压力反映了本地区的生态安全，较高的生态压力值意味着更低的生态安全性。因此，虽然目前的生态安全状况仍然处于安全等级，但是其数值已接近 3 级，同时唐山市 1990 年至 2010 年生态压力指数的不断增长，代表了其生态压力指数未来持续增长的趋势，表示当前唐山市发展机制已经威胁生态安全。生态占用率反映了城市发展的程度，尤其是经济发展程度。唐山市生态占用率增量稳定，表明其获得了稳定的城市经济的发展。生态经济协调性的分值越高，意味着生态和经济之间的协调性越强。在此期间，唐山市的生态经济协调指数一直留在 1 级，显示出了其不协调的生态—经济发展模式。

（5）生态可持续性是结合生态压力、生态占用率、生态经济协调性的指数，其反映了城市生态可持续发展能力。我们选择生态可持续性指数，进行县区尺度上的生态承载力空间变化研究，研究表明唐山市整体呈现生态承载力急剧下降的趋势，集中表现为城市核心区、南部沿海地区生态承载力严重下降，处于危险水平；西北部生态屏障区的生态承载力较强，但仍存在下降的趋势，应引起人们注意。

第五章 唐山市生态系统服务时空变化

第一节 研究方法

资源型城市依托自然资源的开采与加工，以资源型产业为经济主体发展而来。这种独特的城市形成、发展模式与其他城市有着显著区别，因此也吸引了诸多科学家的研究视野。早在 20 世纪 30 年代，H.A. Innis 即对加拿大的资源型城市的城市经济系统结构进行了大量的研究，并带动了许多科学家投入到资源型城市的研究中来；在 1987 年至 1993 年期间，Houghton、Jackson、Parker 等人从交通通勤领域入手，分析了资源型城市由于通勤辐射而带来的城市生境破碎化问题；Bradbury 等人首次提出城市生态系统概念，基于资源型城市生命周期理论进行城市生态学的研究；Sharma 和 Rees 在 2007 年提出健康城市的概念，将资源型城市作为有生命的复合体进行了多维度综合研究；2009 年，Pani 将资源型城市城市化进程与全球城市化进程进行了协同分析，以探究不同城市发展模式在时空尺度上的相关性。近年来，随着可持续发展理论的提出、发展和完善，资源型城市的可持续发展问题逐渐成为研究热点。城市可持续发展旨在通过自然—经济—社会协调发展的模式，提高城市居民的福祉。然而，由于资源型城市其过度依赖能源的经济结构，以及资源开采带来的城市栖息地损失等原因，其可持续发展路径较其他城市更为艰难。因此，如何对资源型城市，特别是处于或即将进入衰退阶段的资源型城市，进行合理的规划、调控，使之成为人类宜居、环境友好、经济繁荣的健康城市，是当前资源型城市发展的重点和难点。

生态系统服务是自然生态系统及其所属物种职称和维持人类生存的条件和过程，通过服务流（物质流、价值流、能量流、信息流）将生态系统服务攻击和人类对生态系统服务的需求联系起来，包括支持服务、供给服务、调节服务和文化服务四个方面。生态系统服务是人类福祉的源泉，但是受人类活动的影响，尤其是近 50 年，生态系统生物多样性丧失加剧，生态系统服务供给能力也加速退化；同时，生态系统服务本身具有空间尺度依赖性和非排他性、非竞争性、不可替代性等经济属性特征，其具有市场服务商品的本质，但却较难被市场化表现出来，缺乏市场经济手段约束，因此加强对不同尺度的生态系统服务内涵、变化机制和相互作用机制的认识，是测度、模拟、评价和管理生态系统服务的重要前提，也有助于了解生态系统服务与人类福祉和发展需求之间的关系。

生态系统服务价值评估作为生态学与经济学的交叉领域，一直是科学家研究的热点和难点。1925年，比利时科学家Drumarx首次尝试用野生动物休憩的费用作为参考来衡量其潜在的经济价值，这也开启了人类对生态系统服务价值估算的篇章。此后，美国科学家Dafdon在1941年运用费用支出法尝试计算森林以及野生动物的经济价值。1972年，日本完成了首个国家尺度上生态系统服务价值估算：计算了全国范围内森林的生态价值。1973年，Nordhau和Tobin建议在GDP中加入生态福利准则，并引起了国际社会对生态资源价值的关注。1991年国际环境问题科学委员会（Scientific Committee on Problems of the Environment，SCOPE）召开专题会议，生物多样性等生态因子的定量研究首次成为会议议题，为生物多样性及其他生态系统服务的估值研究打下了基础。1993年联合国出台了《综合环境与经济核算手册》临时版本（System of Integrated Environmental and Economic Accounting，SEEA），总结了此前各国生态价值核算的研究成果，并为之后的生态系统服务估值、核算研究提供了总体框架和思路。在此框架的基础之上，Costanza等人与1997年对全球主要生态系统进行了综合研究，生态系统服务估值由单一化向多元化发展。同年，由Gretch Daily等人编著的《生态系统服务功能》，以18个典型生态系统：高寒森林、温带森林、热带森林、湖泊湿地、海洋湿地等作为实例系统地阐述了生态系统服务估值方法，被誉为生态系统服务估值研究的工具书。进入21世纪以来，随着应用生态学与生态经济学的不断发展，生态系统分类越发精确，生态系统服务估值方法也越发多元化（表5-1）。同时，随着生态建模理论的不断发展，越来越多的估值模型被研究人员提出，并运用到了生态系统服务估值研究中来（表5-2）。

基于目前国际社会对生态系统服务的研究成果，本章以唐山市这一典型资源型城市为研究对象，拟达到以下研究目标：（1）在空间尺度上，研究生态系统服务在城市核心区、郊区、农区三个子系统的梯度分布规律；（2）时间尺度上，评价城市核心区、郊区、农区三个子系统在1990~2010年期间，由于土地利用变化导致的生态系统服务变化；（3）运用生态系统服务理论和人类福祉理论，建立起以"供给服务—调控服务—文化服务"为主体的生态系统服务指标体系，利用多情景分析的方法，在时空尺度上对唐山市生态系统服务变化进行分析，根据分析结果进行讨论并提出针对性的建议。

表5-1 生态系统服务估值方法

分类	估值方法	优点	缺点
直接市场法	费用支出法	生态环境价值可以得到较为粗略的量化	费用统计不够全面合理，不能真实反映游憩地的实际游憩价值
	市场价值法	评估比较客观，争议较少，可信度较高	数据要求高：全面，数据量足够大
	机会成本法	比较客观全面地体现了资源系统的生态价值	资源必须具有稀缺性
	恢复和防护费用法	可通过生态恢复费用或防护费用量化生态环境	评估结果为最低的生态环境价值
	影子工程法	将难以直接估算的生态价值用替代工程表示出来	替代工程非唯一性，替代工程时间、空间性差异较大

续表

分类	估值方法	优点	缺点
直接市场法	人力资本法	可以对难以量化的生命价值进行量化	违背伦理道德，效益归属问题以及理论上尚存在缺陷
替代市场法	旅行费用法	可以核算生态系统游憩的使用价值，可以评价无市场价格的生态环境价值	不能核算生态系统的非使用价值，可信度低于直接市场法
	享乐价格法	通过侧面的比较分析可以求出生态环境的价值	主观性较强，受其他因素的影响较大，可信度低于直接市场法
模拟市场法	条件价值法	适用于缺乏实际市场和替代市场交换的商品的价值评估，能评价各种生态系统服务功能的经济价值，适宜于非实用价值占较大比重的独特景观和文物古迹价值的评价	实际评价结果常出现重大的偏差，调查结果的准确与否很大程度上依赖于调查方案的设计和被调查的对象等诸多因素，可信度低于替代市场法

表5-2 生态系统服务估值模型

估值模型	优点	缺点
InVEST（Integrated Valuation of Ecosystem Services and Tradeoffs）模型	把握了较好的总体格局，并体现了人类活动对生境的威胁程度和影响范围，有多个子模型（水量模型、水质净化模型、土壤保持模型、水电模型等）可供选择	对数据变化十分敏感，生物多样性保护评估结果不能以经济价值表示
生态足迹模型	客观反映人类对生态系统（生态基础设施）的需求与供给之间的矛盾，指示自然资源的压力状态	产量因子存在偏差，计算结果有高估地区生态状态的可能，只涉及自然资源，对于人类可持续发展的其他方面难以测算
CITYgreen模型	可用于城市森林（小区域如一个公园、一个社区范围，大区域整个市区）进行结构分析与生态效益评价，同时将结果以报告形式输出	基于GIS软件ArcView开发，对遥感图像要求较高
VER（Ecological Value at Risk）模型	将生态服务价值的定量化与生态风险分析的数学模型相结合，可以进行基于生态服务价值的生态风险分析研究	要求数据量较大，数学模型是借鉴金融分析市场组合的VAR方法，并设定了假设条件，如系统各部分价值服从正态分布等

第二节 研究结果

一、研究范围

研究对象为唐山市，它是中国北部重要的工业城市，也是环渤海经济圈的核心城市之一，它位于38°55'~40°28'N 和 117°31'~119°19'E 之间，年平均气温为10.6℃，属于温带季风型气候。唐山市行政边界内的总面积为13696.65平方公里，常住人口为760万左右。

唐山市具备丰富的自然资源、矿产资源及交通区位优势，是连接环渤海经济圈与东北工业基地的枢纽城市。基于此，唐山市在20世纪90年代取得了经济快速增长，也为中国城市化、工业化、现代化进程提供了能源输出和能源支持。目前，唐山市以4300亿元人民币的国内生产总值，位居河北省第一、全国第十九，是最典型的资源型城市之一。

二、数据和方法

本章首先利用了之前通过遥感影像解译得到了唐山市1990年、2000年和2010年的土地利用数据进行时间尺度的分析；其次，在ArcGIS地理信息系统中，将解译得到的居民生活用地进行矢量转化，生成"城市核心区"面元素，并利用其城市交通数据将高速公路、国道、城市快速路提取出来进行矢量转化，定义为线元素，随后通过拓扑分析，使用通勤半径时长30分钟作为限制因子，将行政市归类为三个城市子系统（城市核心区，郊区和农村）以及五种类型的土地，以反映不同的生态系统结构（图5-1）；再次，本章选取三种类型的生态系统服务和八种特定的、与人类福祉直接相关的生态系统服务指标，并假设所有指标都是平等的重要（图5-1）；最后，我们采取了三种不同的赋权重的方式（层次分析法、绝对梯度法、零梯度法）赋予不同的子系统中、各种类型的土地相对值（单位为1）。

```
                    ┌──────────┐
                    │  行政市  │
                    └──────────┘
            ┌───────────┼───────────┐
       ┌────────┐  ┌────────┐  ┌────────┐
       │城市核心区│  │  郊区  │  │  农区  │
       └────────┘  └────────┘  └────────┘
```

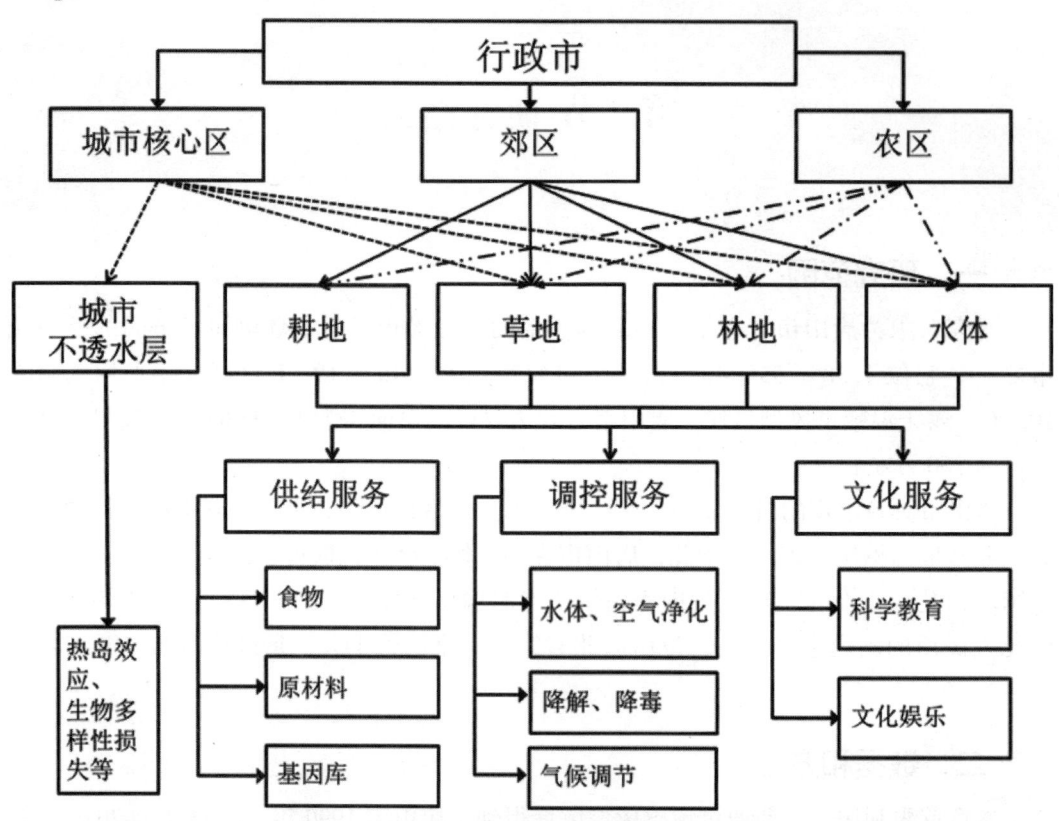

图5-1　唐山市城市子系统生态系统服务供给模式

层次分析法是通过构建层次考虑和衡量了指标的相对重要性，有利于提高定权的精度可将一些重要性不明确的因素加以条理化，并排出各因素间相对重要的次序，使一些不能数量化的决策问题，可取得较为理想的决策分析结果。在层次分析法中，我们邀请了64位在相应的研究领域专家，并采访了150位国内受访者，以收集有关权重赋值信息。

绝对梯度法是利用层次分析法过程中出现的城乡梯度最大值作为假定目标情景，并设定模糊矩阵进行量化。在绝对梯度的模拟过程中，城乡之间在供给服务和调控服务中出现的最大梯度分布近似为5∶3∶2（农区∶郊区∶城市核心区），而对于文化服务，出现的最大梯度分布近似为2∶3∶5（农区∶郊区∶城市核心区）。

零梯度法，即认为各种自然资本和人类资本是可以互相替代和转换的。基于零梯度法，我们设定农区、郊区及城市核心区的梯度分布为1∶1∶1。

虽然绝对梯度法和零梯度法所设定的情景在真实的城市系统中不可能出现，但是这两种方法可以作为城市生态系统服务梯度分布的界限与参考，以衡量真实的生态系统服务分布情况。

此外，此评价模型旨在探究空间分布梯度及时间变化趋势，不需要精确的量化指标，因此我们对评价模型做了以下几点简化：首先，与核心市区相比，郊区拥有不透水表面的比例很小，在郊区的不透水表面积几乎没有影响最终的结果，因此我们省略了这种类型的土地进行简化；其次，大部分被人工种植在核心城区的森林和草地，与那些在郊区和农村地区的森林和草地相比较而言，其生态结构、生态过程极为简单；同时，在中国城市核心区的居民，几乎不会向森林、草地或水体索取供给服务（食物、木材等），在这种情况下，我们将核心市区的森林和草地合并为绿地，并且在其供给服务一项中赋予0值；最后，在计算城市不透水层服务水平的时候，我们使核心城区水体和绿地的加权平均值取负数，赋予不透水表面，假设单位面积不透水表面的形成意味着单位面积的绿地或水体的丢失。

三、InVEST 模型简介

InVEST 模型—生态系统服务和交易的综合评估模型（Integrated Valuation of Ecosystem Services and Trade-offs）是美国斯坦福大学、大自然保护协会（TNC）与世界自然基金会（WWF）联合开发的，旨在通过模拟不同土地覆被情景下生态服务系统物质量和价值量的变化，为决策者权衡人类活动的效益和影响提供科学依据，用于生态系统服务功能评估的模型系统 InVEST 模型填补了这一领域的空白，实现了生态系统服务功能价值定量评估的空间化。该模型较以往生态系统服务功能评估方法的最大优点是评估结果的可视化表达，解决了以往生态系统服务功能评估用文字抽象表述而不够直观的问题。

基于数据可获得性和研究区重要特征，我们采用 30m×30m 分辨率数据核算了研究区内 11 种生态系统服务，包括 3 种支持服务（生境质量、净初级生产力、植被覆盖度），3 种供给服务（产水能力、作物生产、肉类生产）、4 种调节服务（氮元素净化、磷元素净化、碳储量、土壤保持），以及 1 种文化服务（绿地可达度），如表 5-3 所示。

表5-3 主要生态系统服务估值类型及解释

生态系统服务	(+/-)	生物指标	单位
支持服务			
生境质量	(-)	基于生境退化程度衡量生境质量，生境退化程度越高，表示生境质量越低	无单位
净初级生产力	(+)	基于遥感地面反演数据产品	$g C \cdot m^{-2} \cdot yr^{-1}$
植被覆盖度	(+)	基于遥感地面反演数据产品	%
供给服务			
产水能力	(+)	基于 InVEST 产水模块估算地表产水量	$mm \cdot ha^{-1}$
作物生产	(+)	研究区内的作物生产情况	$\cdot 10^6 kcal \cdot ha^{-1}$
肉类生产	(+)	研究区内的肉类生产情况	$\cdot 10^6 kcal \cdot ha^{-1}$
调节服务			
氮元素净化	(+)	基于 InVEST 水质净化模块得到氮元素输出量，输出量越大，其净水能力越差	$kg \cdot ha^{-1}$
磷元素净化	(+)	基于 InVEST 水质净化模块得到磷元素输出量，输出量越大，其净水能力越差	$kg \cdot ha^{-1}$
碳储量	(+)	基于植被生物量碳库和土壤有机碳库得到的碳密度	$mg \cdot ha^{-1}$
土壤保持	(+)	基于 USLE 模型和 InVEST 土壤保持模块估算得到	$ton \cdot ha^{-1}$
文化服务			

续表

生态系统服务	(+/-)	生物指标	单位
绿地可达度	(-)	基于绿地周边2公里范围内可达居住地的最短距离衡量，距离值越小，可达度越高	无单位

四、估值模型中各生物指标释义及计算方法

（一）生境质量

基于InVEST 3.0的生境质量模块核算研究区的生境退化程度，分值越大，对应其生境退化程度相对越剧烈，生境质量越差。InVEST中将生境质量和生境稀缺性作为衡量生物多样性的两类指标，并假设生境质量好的地区，其生物多样性也高。而生境退化程度通过半饱和函数与生境质量相关联，随着生境退化程度增加，其生境质量下降。模型所需参数有：土地利用图、威胁因子图层、威胁因子表、各地类对威胁因子的敏感度表、半饱和参数。

（二）净初级生产力

生态系统净初级生产力是指植物光合作用所固定的光合产物或有机碳中，扣除植物自身呼吸消耗部分后，真正用于植物生长和生殖的光合产物量或有机碳。年均净初级生产力 SD_AuN_i 核算基于250m×250m分辨率的遥感地面反演数据，其计算公式为：

$$SD\_AuN_i = \sum_{j=1}^{36} DecN_{ij} \qquad (5\text{-}1)$$

式中，i 为年数，j 为旬数，$DecN_{ij}$ 为第 i 年第 j 旬影像的NPP值，常数36为一年的总旬数。

（三）植被覆盖度

植被覆盖度指植被在地面的垂直投影面积占统计区内总面积的百分比，用百分数表示。年均净初级生产力 CD_AuF_i 核算基于250m×250m分辨率的遥感地面反演数据，其计算公式为：

$$CD\_AuF_i = \sum_{j=1}^{36} DecF_{ij} \Big/ 36 \qquad (5\text{-}2)$$

式中，i 为年数，j 为旬数，$DecF_{ij}$ 为第 i 年第 j 旬的植被影像覆盖度，常数36为一年的总旬数。

（四）产水能力

基于InVEST3.0的产水模块核算研究区的地表水量，地表产水量越大，则水资源服务能力越好，其实现原理为水量平衡法。模型所需参数有：土地利用图层、城市边界图、年均降水量图层、年均蒸发量图层、植被有效含水量、根限制层深度。

（五）作物生产

作物供给服务主要考虑粮食作物、油料作物、水果蔬菜供给能力，采用单位面积作物热量值 E_{crop} 计算，计算公式为：

$$E_{crop} = \sum_{i=1}^{n} E_i \Big/ area_{farmland} = \sum_{i=1}^{n} (1000 \times M_i \times EP_i \times A_i) \Big/ area_{farmland} \qquad (5\text{-}3)$$

式中，M_i 为产量，EP_i 为食用部分比例，A_i 为每 100g 所含热量，area farmland 为耕地面积。具体热量转化参数如表 5-4 所示。

表5-4 作物热量转化参数

产品类型	100g 可食用部分所含热量	可食用比例
粮食作物	255	0.80
油料作物	554	0.80
水果	50	0.75
蔬菜	40	0.80
肉类	300	0.95

（六）肉类生产

肉类与作物生产计算方法相似，因无对应生态系统，故 area 取区域总面积，计算公式为：

$$E_{meat} = \sum_{i=1}^{n} E_i \Big/ area_{sum} = \sum_{i=1}^{n} (1000 \times M_i \times EP_i \times A_i) \Big/ area_{sum} \qquad (5\text{-}4)$$

式中，M_i 为产量，EP_i 为食用部分比例，A_i 为每 100g 所含热量。

（七）氮、磷元素输出

基于 InVEST 3.0 水质净化模块，首先计算 N/P 持留量，再计算图层栅格单元的 N/P 输出总量和单位面积输出量。模型所需参数有：土地利用图、数字高程模型 DEM 图像、城市边界图、年均降水量图层、年均蒸发量图层、植被有效含水量、根限制层深度、N/P 输出负荷系数、植物滤除效率。

（八）土壤保持

基于 InVEST 3.0 土壤保持模块，分为侵蚀减少量和泥沙持留量两部分。模型所需参数有：土地利用图、DEM、城市边界、降雨侵蚀力、土壤可蚀性、地被物阻挡泥沙效率。

（九）绿地可达度

绿地可达度指绿地周边 2 公里范围内到达居住地的最短距离，距离值越小，说明可达度越高。利用 ArcGIS 近邻计算，计算面元素之间最短距离可得。

第三节 研究结果

一、城市核心区、郊区和农村地区的土地利用变化

表 5-5 中结果显示在 1990~2010 年期间，唐山市的三个城市子系统中土地利用以及生态系统类型转变十分剧烈。最明显的变化是快速城市化过程导致的城市核心区、郊区面积的不断扩张，以及农区面积的不断萎缩。具体到土地利用、生态系统类型时，研究结果发现，城市不透水层、林地以及水体面积在 1990~2010 年期间均有增加，特别是城市不透水层增速明显。耕地则呈现了持续下降的趋势：在时间区间内累计减少了 37.815km^2。草地变化特征不明显，呈现波动变化的趋势。

表5-5 城市核心区、郊区和农村地区的土地利用变化（1990年至2010年）（km^2）

研究年份	土地类型	城市核心区	郊区	农区	总计
1990	城市不透水层	1838.36	0	0	1838.36
	耕地	0	2386.22	3579.33	5965.55
	林地	343.83	489.95	541.53	1375.31
	草地	99.68	142.04	156.99	398.71
	水体	540.79	770.62	851.74	2163.14
	总计	2822.65	3788.83	51295.9	11741.07
2000	城市不透水层	2204.57	0	0	2204.57
	耕地	0	2291.92	3437.88	5729.80
	林地	387.62	704.76	317.14	1409.52
	草地	125.77	228.68	102.90	457.35
	水体	690.82	1256.04	565.22	2512.07
	总计	3408.78	4481.39	4423.14	12313.31
2010	城市不透水层	2364.15	0	0	2364.15
	耕地	0	2234.96	3352.44	5587.40
	林地	552.03	736.04	184.01	1472.07
	草地	159.59	212.78	53.20	425.56
	水体	462.02	1540.08	462.02	2764.13
	总计	3537.27	4723.17	4051.50	1,2313.31

然而，由于城市子系统组成、分布变化幅度均十分强烈，因此，单纯地分析土地利用或生态系统的面积变化并不能反映真实的情况。例如，研究时段内林地、水体面积均有显著增加，但是这两种土地类型分布越来越向城市核心区靠拢。此外，城市绿地面积增长量较大，但由于城市不透水层面积的扩大，城市绿地面积在城市核心区内的比例其实是呈现减小趋势。而且，如果考虑人口因子，真实的人均绿地面积亦呈现缩减趋势。值得注意的是，在表 5-5 中，唐山市总面积在 1990 年至 2000 年期间增长了约 600km^2，这主要是因为唐山市南部濒临渤海湾的曹妃甸新区人工岛工程所引起的，由于此次土地信息主要基于国土资源局提供的城市行政边界，因此在 2000 年至 2010 年期间，没有引入曹妃甸区域土地增长的数据。

二、各土地类型生态系统服务的相对值

城市三个子系统中，基于三种模拟情景的各土地类型生态系统服务相对值如表 5-6 所示。由于基于层次分析法的目标情景更接近于真实情况，因此我们主要以其确定的相对值作为评价参考。

基于层次分析法的研究结果表明：

（1）位于农区的林地生态系统具有单位面积最高的生态系统服务值，特别是在原材料供给、基因资源供给、净化调节、降解降毒调节以及气候调节 5 种生态系统服务类型中。

（2）对于其他生态系统来说，虽然其生态系统服务总值不及位于农区的林地系统，但是具体到某一种服务时，其可能会出现较高的赋值。例如，位于农区和郊区的耕地系统，虽然其在调节服务这一大类中分值较低，但是在食物供给服务类型中，它们的相对值是最高的。

如果以层次分析法确定的相对值来分析三类生态系统服务的空间梯度时，结果发现供给服务和调节服务在"农区—郊区—城市核心区"方向上呈现下降的趋势，而文化服务与之呈现相反的情形，在"农区—郊区—城市核心区"方向上呈现上升的趋势。

我们将基于层次分析法的梯度结果与绝对梯度法和零梯度法的研究结果进行比较，发现其基本介于两者之间，表明该方法基本符合真实情况，结果可以反映真实的城乡梯度规律。

表5-6 多情景分析下唐山城市子系统各土地利用类型提供服务权重（/km2）

多情景分析	生态系统服务		指标	行政市									
				城市核心区			郊区				农区			
		主题		不透水层	城市绿地	水体	郊区农田	郊区林地	郊区草地	郊区水体	农区耕地	农区林地	农区草地	农区水体
层次分析法	供给服务	食物（0.125）			N/A	N/A	0.178	0.042	0.091	0.103	0.199	0.086	0.139	0.162
		原材料（0.125）			N/A	N/A	0.041	0.187	0.099	0.107	0.053	0.238	0.129	0.146
		基因资源（0.125）			N/A	N/A	0.041	0.219	0.098	0.103	0.052	0.227	0.123	0.137
	调控服务	净化服务（0.125）		负作用（-0.412）	0.076	0.044	0.037	0.128	0.080	0.093	0.059	0.186	0.138	0.159
		降解服务（0.125）			0.060	0.074	0.019	0.119	0.102	0.113	0.021	0.186	0.141	0.165
		气候调节（0.125）			0.068	0.059	0.028	0.124	0.091	0.103	0.040	0.186	0.140	0.162
	文化服务	科研教育（0.125）			0.097	0.101	0.075	0.096	0.105	0.103	0.098	0.108	0.105	0.112
		精神娱乐（0.125）			0.163	0.081	0.021	0.110	0.098	0.103	0.018	0.147	0.122	0.137
绝对梯度		供给服务（0.375）		负作用（-0.130）	N/A	N/A	0.160	0.040	0.080	0.120	0.240	0.060	0.120	0.180
		调控服务（0.375）			0.065	0.065	0.033	0.130	0.065	0.098	0.054	0.217	0.109	0.163
		文化服务（0.250）			0.065	0.065	0.033	0.130	0.065	0.098	0.054	0.217	0.109	0.163
均匀梯度		供给服务（0.375）		负作用（-0.200）	N/A	N/A	0.125	0.125	0.125	0.125	0.125	0.125	0.125	0.125
		调控服务（0.375）			0.100	0.100	0.100	0.100	0.100	0.100	0.100	0.100	0.100	0.100
		文化服务（0.250）			0.100	0.100	0.100	0.100	0.100	0.100	0.100	0.100	0.100	0.100

三、城市子系统人均生态系统服务变化趋势

根据表 5-5 中三个城市子系统的土地利用变化数据，以及表 5-6 中各种土地利用和生态系统类型的相对值，我们可以计算得到唐山市以及其所包含的三个城市子系统中人均的生态系统服务变化情况（图 5-2、图 5-3、图 5-4）。

图 5-2 显示的生态系统服务变化趋势是基于层次分析取值结果计算得到的。图 5-2 结果表明，虽然郊区人均生态系统服务呈现增加的趋势（图 5-2-b），但是城市化对生态系统服务损失的影响是显著的，特别是由城市核心区不透水层产生的服务损失（图 5-2-a）。在城市核心区和农区，生态系统服务总值分别从 -35.75 和 363.93，下降至 -45.80 和 313.55（图 5-2-a、图 5-2-c）。这种趋势是由于不透水面的扩张以及农区收缩引起的，特别是农区林地系统减少，对农区服务总值影响较大。在这种情况下，唐山市整个行政市区内部的人均生态系统服务值处于较低水平并仍有下降的趋势（图 5-2-d）。

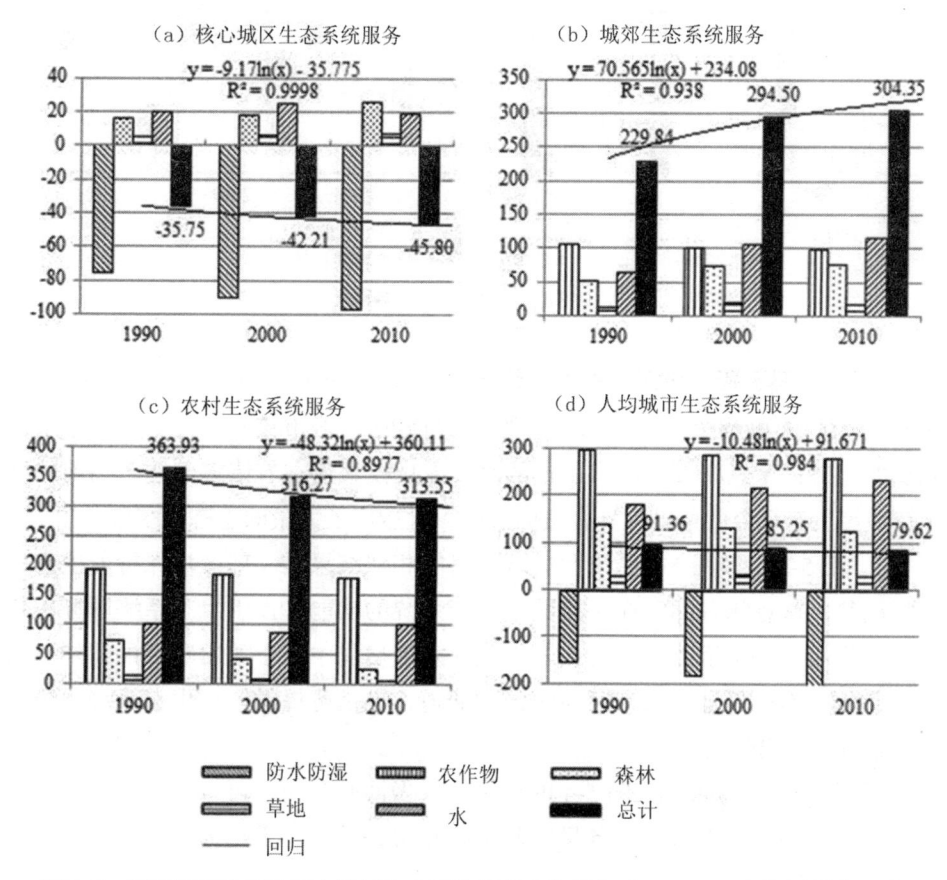

图5-2 基于层次分析法的人均年生态系统服务变化趋势（1990~2010年）（单位：1）

图 5-3 和图 5-4 所示结果是基于绝对梯度和零梯度法计算获得的。虽然结果分别给出了差异较大的生态系统服务取值。但是，生态系统服务在唐山市以及其三个子系统中呈现的变化趋势大体一致。而且，导致其发生变化的驱动力也具有高度一致性。

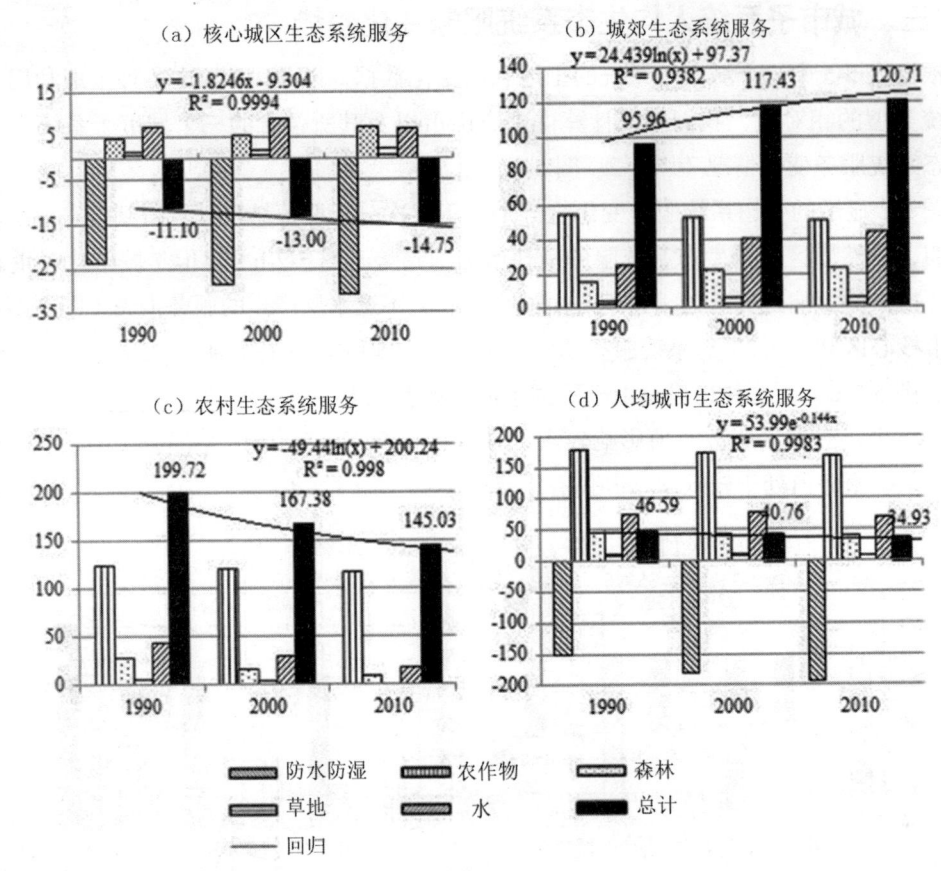

图5-3 基于绝对梯度法的生态系统服务变化趋势（1990~2010年）（单位：1）

图5-2、图5-3以及图5-4结果均呈现了总行政区、城市核心区、农区生态系统服务总值减少的趋势，这意味着当前唐山市的城市发展模式潜在着诸多问题，当前的城市结构对维持城市生态系统服务供给具有负面影响，且造成了大量的生态系统服务损失。

图5-2、图5-3以及图5-4结果所呈现的另一相似结果是，郊区均保持着生态系统服务增加的趋势。这意味着郊区在保持城市生态系统的功能、提供生态系统服务中将起到越来越重的作用，也预示着其将会在未来城市发展格局中处于非常重要的位置。未来城市格局中，郊区不仅仅是连接市区与农区的通道，也是可提供丰富生态系统服务、为市区提供生态屏障的自然缓冲区。

如果对图5-2、图5-3以及图5-4的模拟结果做回归分析，可以发现只有基于绝对梯度法的行政区范围内生态系统服务呈指数下降趋势，其余结果均为对数下降趋势，而且结果差异性亦不显著。

(a) 核心城区生态系统服务　　(b) 城郊生态系统服务

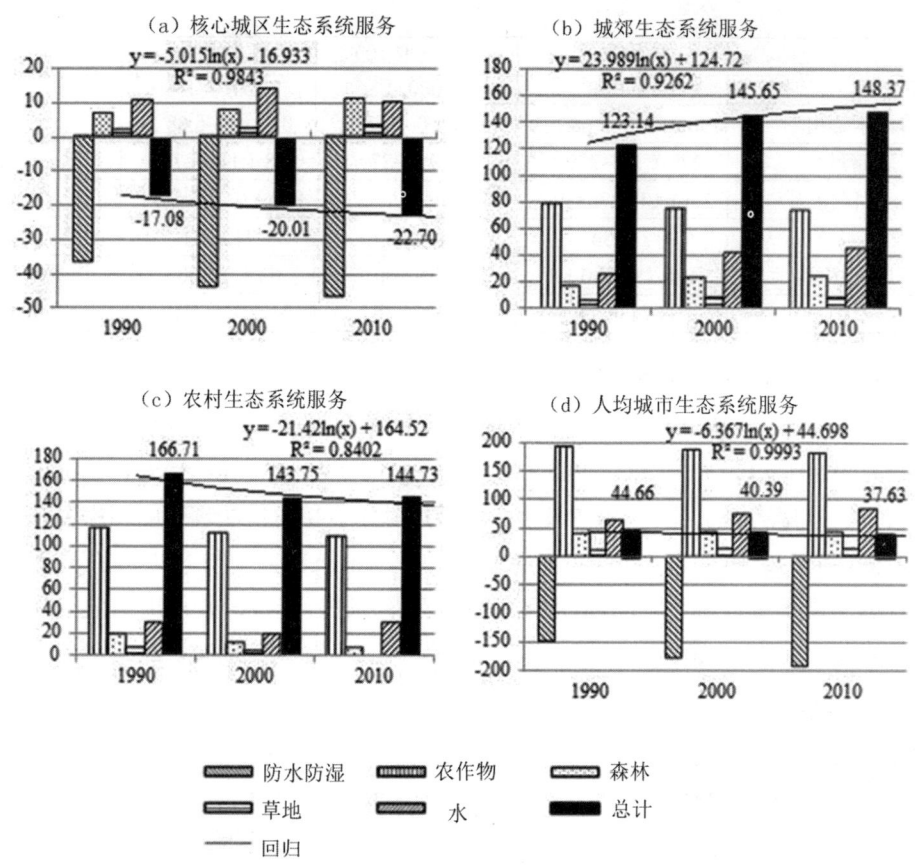

(c) 农村生态系统服务　　(d) 人均城市生态系统服务

防水防湿　农作物　森林　草地　水　总计　回归

图5-4　基于零梯度法的生态系统服务变化趋势（1990~2010年）（单位：1）

四、城市生态系统服务估值结果

根据 InVEST 估值模型生境、产水、净水等模块以及其他计算方法，本节在确定所需图层和参数的基础之上，将唐山市 1990 年至 2010 年土地利用数据进行矢量化处理，并代入进行计算，得到结果如表 5-7 所示：

表5-7　生态系统服务估值结果

生态系统服务	平均取值 1990年	平均取值 2000年	平均取值 2010年	单位
支持服务	7972.00	6004.19	5791.52	元/人/年
生境质量	86（0~100）	88（0~100）	88（0~100）	无单位
净初级生产力	801（1.8~1200）	745（1.8~1200）	691（1.8~1200）	$gC \cdot m^{-2} \cdot yr^{-1}$
植被覆盖度	52（0~82）	51（0~82）	48（0-82）	%
供给服务	5774.30	6463.21	7218.31	元/人/年
产水能力	9795	8001	6772	$mm \cdot ha^{-1}$
作物生产	4.78（0~6.53）	4.69（0~6.53）	4.72（0~6.53）	$\cdot 10^6 kcal \cdot ha^{-1}$
肉类生产	0.27（0.15~2.39）	0.29（0.15~2.39）	0.31（0.15~2.39）	$\cdot 10^6 kcal \cdot ha^{-1}$
调节服务	12920.10	11001.77	8903.59	元/人/年
氮元素输出	0.18（0~24.48）	0.34（0~24.48）	0.56（0~24.48）	$kg \cdot ha^{-1}$

续表

生态系统服务	平均取值 1990年	平均取值 2000年	平均取值 2010年	单位
磷元素输出	0.05（0~6.68）	0.09（0~6.68）	0.14（0~6.68）	kg·ha^{-1}
碳储量	279（111~279）	233（111~279）	198（111~279）	mg·ha^{-1}
土壤保持	2114（0~276830）	1568（0~276830）	872（0~276830）	ton·ha^{-1}
文化服务	773.34	891.01	1128.31	元/人/年
绿地可达度	88（0~100）	79（0~100）	63（0~100）	无单位
合计	27439.74	24360.18	23041.73	元/人/年

（一）支持服务估值分析

1990年至2010年唐山市城市整体生境质量分别为86、88、88（无单位），年均净初级生产力为801 g C·m^{-2}·yr^{-1}、745 g C·m^{-2}·yr^{-1}、691 g C·m^{-2}·yr^{-1}，植被覆盖度年均值为52%、51%、48%。其中净初级生产力可用基于直接价值法理论的"恢复和防护价值法"求得；同时，由于表5-7结果显示生境质量与植被覆盖度与NPP存在高度空间相关性，可运用影子价值法（空间高度相关才可运用）进行转换，并得出估值结果。其支持服务价值分别为7972.00、6004.19、5791.52元/人/年，逐年递减。

（二）供给服务估值分析

1990~2010年期间，唐山市城市整体作物供给能力分别为4.78、4.69、4.72·106kcal·ha^{-1}，肉类供给能力分别为0.27、0.29、0.31·106kcal·ha^{-1}，产水能力分别为9795、8001、6772 mm·ha^{-1}。作物供给和肉类供给价值可通过市场价值法求得。然而，产水能力不宜用市场价值法进行计算，而且通过InVEST模型检验可知，产水能力与作物供给或肉类供给的空间相关性不显著，因此运用Costanza提出的水体生态服务价值系数进行近似计算。其供给服务价值为5774.30、6463.21、7218.31元/人/年。

（三）调节服务估值分析

1990~2010年唐山市城市整体N、P输出能力分别为0.56 kg·ha^{-1}和0.14 kg·ha^{-1}，平均碳密度和碳储量分别为198.01 mg·ha^{-1}和108.17 mg·ha^{-1}，土壤保持能力和土壤保持总量分别为872.6ton·ha^{-1}和475·106 ton×ha^{-1}。N、P输出能力因具有高度空间相关性，可以用影子工程法进行代替估值计算；关于碳储量和土壤保持能力，我们选取华北平原黄土土壤作为参考进行代替计算。其调节服务价值为12920.10、11001.77、8903.59元/人/年，呈显著的下降趋势。

（四）文化服务估值分析

文化服务由于只选取了可达度一种服务类型，其城市绿地可达度得分平均为63.5，故选取旅行成本法进行估值，其文化服务价值为773.34、891.01、1128.31元/人/年，呈逐年递增趋势。

综合各服务估值结果可得唐山市1990年、2000年、2010年人均生态系统服务价值为27439.74、24360.18、23041.73元/人/年，呈逐年递减趋势。

五、研究总结

本章在空间尺度上，基于城市行政区划、城市不透水层、城市通勤辐射理论，将唐山市划分为城市核心区、郊区、农区三个子系统；时间尺度上，结合所得土地利用变化数据，得到城市核心区、郊区、农区三个子系统在 1990~2010 年期间相对应的土地利用变化数据；运用生态系统服务理论和人类福祉理论，建立起以"供给服务—调控服务—文化服务"为主体的生态系统服务指标体系，同时选取了 8 个与城市生态系统服务紧密相关的指标，利用多情景分析的方法，在时空尺度上对唐山市生态系统服务变化进行分析。同时，本章采用 GIS 技术和生态系统服务估值模型，在城市尺度上定量计算了 2010 年唐山市城市生态系统支持服务、供给服务、调节服务、文化服务；基于 1990 年、2000 年、2010 年不同土地利用数据，对比分析研究生态系统服务价值水平变化，及其相互间关系的动态变化特征，全面揭示了城市尺度生态系统服务攻击特征及其生态系统服务价值之间的关系。研究结果表明：

（1）唐山市生态系统服务呈现明显的城乡梯度分布：总体来看，表现为农区＞郊区＞城市核心区，具体到特定类型的生态系统服务时，这种梯度可能呈现逆向梯度，如文化服务。

（2）因城市不透水层扩张、农区林地系统的减少所带来生态系统服务丧失，是城市核心区生态系统服务下降的最主要原因，城市化进程中不合理的土地规划，是造成时空尺度上生态系统服务下降的最主要驱动力。

（3）郊区作为生态缓冲区，在未来的城市规划、调控过程中应发挥重要的作用，然后当前城市结构中，郊区只是单纯作为城乡接合部起到连接市区和农村的作用，其潜在的生态系统服务供给能力被无序的城市规划所掩埋。因此，在城市调控过程中，应加强对郊区生态系统结构、功能和生态过程的研究，探究开发郊区生态价值的生态调控方案。

（4）本章运用 InVEST 模型将各种生态服务类型定量化处理，然后再根据其在 InVEST 模型中表现出的空间相关性及空间积累程度来选择合适的估值方法，较单一的估值方法更加准确，结果更为可信。

（5）生态系统支持服务、调节服务具有较强的空间相关性，受土地利用及景观格局变化的影响较大，这也是导致 1990~2010 年期间，支持服务价值、调节服务价值以及生态系统服务总价值下降的主要原因。

（6）产品供给服务价值主要受土地开发强度影响，具有较强的累积频率，1990~2010 年，其价值均呈上升趋势。

（7）本章运用 InVEST 模型将各种生态服务类型定量化处理，然后再根据其在 InVEST 模型中表现出的空间相关性及空间积累程度来选择合适的估值方法，较单一的估值方法更加准确，结果更为可信。

（8）1990~2010 年期间，唐山市生态系统服务价值不断下降，与之不断增长的区域生产总值 GDP 呈现截然不同的趋势，也为决策者敲响了警钟。由于本章研究只选取了 InVEST 模型可以定量计算的生态系统服务类型，以及可以通过遥感影像反演计算获得的生态系统服务类型,不能全面地涵盖全部类型的生态系统服务。但所选取的服务基本覆盖了支持、供给、调节和文化四个方面,较全面地解释了服务价值,建议将本章服务价值与区域生产总值相结合,以更加全面的角度分析资源型城市的经济增长模式,以期真正实现绿色 GDP 的增长。

第六章 唐山市生态调控过程研究

本章的研究目的：（1）探究CLUE-S模型在唐山市的实用性；（2）分别利用1990年、2000年和2010年三期土地利用数据，对研究区2015年土地利用的空间变化格局进行模拟，并对三次土地利用模拟结果计算其Kappa指数，通过利用不同年份数据区模拟同一年份的土地利用空间格局来验证模拟结果的可靠性；（3）针对唐山市可能的情景发展模式，构建四种不同情景，对唐山市2020年土地利用空间分布格局变化进行模拟，以期为唐山市生态调控工作提供参考依据和决策支持。

第一节 研究方法

一、数据来源

本章所需数据主要为1990年、2000年和2010年唐山市土地利用数据，唐山市2010年生态系统服务能力及价值计算结果，在唐山市2010年生态足迹、生态承载力的基础之上，代入生态压力、生态占用率、生态经济协调度以及生态可持续性数值。

二、数据处理

基于2000年和1990年数据分别模拟2010年唐山市土地利用与土地覆盖，以增进对研究土地利用类型相互转移的特征，基于此构建不同情景，分析不同用地需求下生态系统服务价值的变化。

三、情景模拟

模拟不同城市发展模式或情景下的城市生态系统分布格局，可以为唐山市的生态规划提供合理性建议，如确定退耕还林、退耕还草等保护措施实施的合理位置、合适区域以及合适面积等。同时，基于不同生态系统构成（用地格局），分析其生态系统服务能力、价值的变化特征，可以从另一个角度分析唐山市生态调控工作开展的时效性。

资源型城市发展是一个极其复杂的过程，探究或确定其全部驱动因子是不现实的，本次情景模拟的过程中，主要选取了13个土地利用变化驱动因子，分别以唐山市城市核心区、郊区、农区为研究区，并利用1990年和2000年两期的土地利用数据，选取研究区内15种二级生态系统类型，高程（DEM）、坡度（SLOPE）、坡向（SD）、地表凹凸特征（SC）、土壤有机质含量（SOP）、土壤深度（SDP），以及到水系（W）、公路（R）、铁路（RW）、村庄（RR）、乡镇（TR）和城区（MR）的距离（DT）12 种自然和社会经济驱动因子，运用 PASW Statistics 18.0 软件对各土地利用类型和驱动因子之间进行 Binary Logistic 回归计算。

根据唐山市 1990~2000 年和 2000~2010 年土地利用的转移变化情况及转换约束条件等综合考虑，对土地利用转换规则进行初步设置，并通过比照 2010 年土地利用实际现状图，来检验模拟结果的总体精度，经土地利用转换规则进行多次调试，直到得到较满意的模拟结果位置，最终分别为研究区 1990~2000 年、2000~2010 年和 1990~2010 年模拟区间各选择一组合适的参数。

表6-1　不同模拟区间ELAS参数设定

模拟区间	ELAS 参数设定
1990~2000 年模拟区间	草原 0.9，草本湿地 0.2，水库坑塘 0.9； 河流 0.4，水田 0.5，旱地 0.2； 居住地 0.9，工业用地 1，交通用地 0.9； 采矿场 1，裸土 1； 落叶阔叶林 0.9，常绿针叶林 0.7，落叶针叶林 0.9，落叶阔叶灌木林 0.7
2000~2010 年模拟区间	草原 0.9，水库坑塘 0.9； 河流 0.4，水田 0.5，旱地 0.2； 居住地 0.9，工业用地 1，交通用地 0.9； 采矿场 1，裸土 1； 落叶阔叶林 0.9，常绿针叶林 0.7，落叶针叶林 0.9，落叶阔叶灌木林 0.7
1990~2010 年总体模拟区间	草原 0.9，草本湿地 0.2，水库坑塘 0.9； 河流 0.4，水田 0.5，旱地 0.2； 居住地 0.9，工业用地 1，交通用地 0.9； 采矿场 1，裸土 1； 落叶阔叶林 0.9，常绿针叶林 0.7，落叶针叶林 0.9，落叶阔叶灌木林 0.7

其中，处于水田的成本较高和模拟精度的考虑，限制水田不可转为旱地；基于研究区退耕还林、还草计划实施，允许耕地（旱地和水田）转为林地和草地。

基于数据可获得性和研究区重要特征，我们采用 30m×30m 分辨率数据核算了研究区内 11 种生态系统服务，包括 3 种支持服务（生境质量、净初级生产力、植被覆盖度），3 种供给服务（产水能力、作物生产、肉类生产）、4 种调节服务（氮元素净化、磷元素净化、碳储量、土壤保持），1 种文化服务（城市绿地空间可达度）。根据 InVEST 估值模型生境、产水、净水等模块以及其他计算方法，在确定所需图层和参数的基础之上，将唐山市 2010 年土地利用数据进行矢量化处理，并将其生态系统服务能力和价值代入四种情景进行模拟计算（表 6-2）。

同时，本章在细化生态足迹、生态承载力的基础之上，代入生态压力、生态占用率、生态经济协调度以及生态可持续性数值，并用全球公顷（GHA）或人均全球公顷（GHP）对各类足迹和土地类型进行标准化，代入四种情景进行模拟计算（表 6-3）。

表6-2　唐山市2010年生态系统服务能力及价值

生态系统服务	平均取值 2010年	单位
支持服务	5791.52	元/人/年
生境质量	88（0~100）	无单位
净初级生产力	691（1.8~1200）	$gC·m^{-2}·yr^{-1}$
植被覆盖度	48（0~82）	%
供给服务	7218.31	元/人/年
产水能力	6772	$mm·ha^{-1}$
作物生产	4.72（0~6.53）	$·106kcal·ha^{-1}$
肉类生产	0.31（0.15~2.39）	$·106kcal·ha^{-1}$
调节服务	8903.59	元/人/年
氮元素输出	0.56（0~24.48）	$kg·ha^{-1}$
磷元素输出	0.14（0~6.68）	$kg·ha^{-1}$
碳储量	198（111~279）	$mg·ha^{-1}$
土壤保持	872（0~276830）	$ton·ha^{-1}$
文化服务	1128.31	元/人/年
绿地可达度	63（0~100）	无单位
合计	23041.73	元/人/年

表6-3　唐山市2010年各生态承载力指标值

年份	生态足迹	生态承载力	生态压力	生态占有率	生态经济协调度	生态可持续性
2010	3.336	1.692	0.731	2.753	0.265	0.702

第二节 结果与讨论

一、不同目标情景下唐山市生态系统类型构成

（一）开放发展

在情景一的模拟条件中，我们选取了 1990~2000 年期间唐山市城市发展模型作为参考。考虑到此阶段为唐山市能源开采的高峰期，因此土地利用变化与景观格局变化均处于强烈状态。该情景的设置依据：能源自由开采，不考虑研究区退耕还林、还草计划实施，允许耕地（旱地和水田）转为林地和草地，允许耕地、林地、草地转为工矿用地，限制工矿用地转出。

（二）自然开发

在情景二的模拟条件中，我们选取了 2000~2010 年期间唐山市城市发展模型作为参考。考虑到此阶段为国家进行资源型城市转型调控的进程当中，唐山市能源开采强度较低，但其城市化进程较前 10 年却有了显著提高，因此土地利用变化与景观格局变化均处于较强烈状态。该情景的设置依据：能源限制开采，不允许耕地、林地、草地转为工矿用地；不考虑研究区退耕还林、还草计划实施，允许耕地（旱地和水田）转为林地和草地；允许耕地、林地、草地转为城市建筑用地；限制工矿用地转出。

（三）生态保护

在情景三的模拟条件中，我们选取了 2010~2020 年期间唐山市城市发展模拟模型作为参考，并加入了国家级、省部级、地市级颁布的生态建设指标，如退耕还林 500ha，退草还林 800ha，人工造林面积 1500ha，人工表面及减少 360ha 等政策性限制因素。同时，限制一级自然保护区用地变化，限制坡度大于 25° 以上的林地保持不变（水土保持要求）。该情景限制依据为：加强二级保护区退耕还林还草计划，模拟快速城市化过程，以一级保护区内林地、水体为限制区域。

（四）限制开发

在情景四的模拟条件中，我们同样选取了 2010~2020 年期间唐山市城市发展模拟模型作为参考，在加入了国家级、省部级、地市级颁布的生态建设指标的基础之上，限制二级自然保护区的开发，并为一级自然保护区设置宽度为 100m 的缓冲区域，同时一级保护区内坡度大于 25° 的草地、耕地全部转化为林地，耕地类型在缓冲区外 100 米且坡度在 25° 以下才可以保持不变。该情景限制依据为：加强一级保护区退耕还林还草计划，模拟自然保护区建设情形，以自然保护区标准进行城市的生态建设。

二、基于不同情景生态系统构成、能力、价值及生态指标变化

不同情景下，唐山市生态系统类型构成具体情况如表 6-4 所示。

表6-4　不同目标情景下唐山市生态系统类型构成（km²）

土地利用类型	2010年	情景一	情景二	情景三	情景四
草原	403.65	300.07	401.94	403.29	403.65
河流	332.46	281.26	333.43	333.63	335.34
水田	782.82	593.15	766.53	782.82	581.13
旱地	7687.26	7011.69	7015.23	7579.80	4886.10
居住地	1202.58	1402.44	1817.01	1204.20	921.96
工矿用地	71.81	264.21	81.08	71.81	31.84
裸土	8.01	6.18	5.58	5.58	5.58
落叶阔叶林	1341.26	1179.24	1165.47	1119.48	1999.69
常绿针叶林	566.35	489.64	581.83	634.84	351.85
落叶针叶林	207.87	154.79	226.68	226.50	335.11
落叶阔叶灌木林	261.90	165.77	277.83	275.76	289.68

不同情景下，唐山市生态系统服务能力具体情况如表6-5所示。

表6-5　不同目标情景下唐山市生态系统服务能力

生态系统服务	2010年	情景一	情景二	情景三	情景四
生境（无单位）	82.113	82.066	82.064	82.194	85.464
作物（$\times 10^6 kcal \cdot ha^{-1}$）	6142.771	6144.797	6147.820	6141.089	6110.809
N输出（$kg \cdot ha^{-1}$）	0.580	0.580	0.589	0.569	0.313
P输出（$kg \cdot ha^{-1}$）	0.141	0.139	0.138	0.138	0.067
碳储量（$mg \cdot ha^{-1}$）	179.082	179.094	179.089	179.156	184.936
土壤保持（$ton \cdot ha^{-1}$）	405.118	405.020	405.041	404.921	403.852

不同情景下，唐山市生态系统服务估值具体情况如表6-6所示。

表6-6　不同目标情景下唐山市生态系统服务价值（元/人/年）

生态系统服务	2010年	情景一	情景二	情景三	情景四
支持服务价值	7972	6004.19	7657.11	8078.2	8169
供给服务价值	5774.3	6463.21	5458.41	5881.5	2179
调节服务价值	12920.1	11001.77	12603.21	13028.3	13119.1
文化服务价值	773.34	891.01	455.45	882.54	973.34
总生态服务价值	27439.74	24360.18	26174.18	27870.54	24440.44

不同情景下，唐山市生态足迹、生态承载力、生态压力、生态占有率、生态经济协调度、生态可持续性具体情况如表6-7所示。

表6-7　1990~2010年唐山市各生态指数变化情况

年份	生态足迹	生态承载力	生态压力	生态占有率	生态经济协调度	生态可持续性
情景一	2.102	2.489	0.316	0.893	0.354	1.033
情景二	2.427	2.382	0.375	1.256	0.299	0.965
情景三	2.784	2.174	0.471	1.780	0.265	0.817
情景四	3.096	1.934	0.573	2.330	0.246	0.708
2010年	3.336	1.692	0.731	2.753	0.265	0.702

三、研究总结

本章对唐山市土地利用格局进行模拟，基于模拟设定的研究参数，结合不同用地需求建立四种情景，分析不同情境下研究土地利用格局的变化特征，及其区域生态系统服务供给能力差异，同时土地利用格局的变化分析结构也有助于识别不同需求下的权益相关者，为后续的生态调控提供依据。本章的主要结论如下：

（1）基于1990~2000年和2000~2010年模拟区间的参数调整和模型检验，证实CLUE-S模型适用于唐山市土地利用变化模拟，其Kappa指数值分别为0.9546和0.9713，根据不同用地需求情景，这两个模拟区间产生的参数可根据需要继续采用。

（2）以唐山市2010年土地利用数据为模拟基准年，构建了2011~2020年土地利用变化的四种不同目标情景，从模拟结果中各地类面积值和空间分布特征来看，四种情景都基本实现了情景设定的预想。其中情景四中实现了大片耕地的退耕还林还草，基于情景四的模拟结果，可以识别出适宜退耕还林还草的区域，对唐山市生态调控具有指导作用。

（3）基于不同情境模拟后的土地利用特征对唐山市的生态系统服务价值进行重新估值。不同用地情景的生态系统服务能力供给特征显示，情景四的生境质量、碳储量、N与P输出均为最优，但是其作物产量能力最低，对城市生态系统来说并不适合；情景一、二生境质量破坏严重，不利于城市可持续发展，因此建议选择情景三，采取适当生态保护的措施进行城市生态调控。

（4）情景三的生态调控模式具体为：

①数量上，依据《唐山生态城市建设规划30项重点工程》要求，实现退耕还林500ha，退草还林800ha，人工造林面积1500ha的生态调控目标。

②数量上，滦县、滦南县、曹妃甸地区应加强耕地的保护，提高未利用地向耕地转移，保证足够的耕地面积（提高1600ha）以提高生态系统供给服务，以应对预期的人口增长。

③空间上，迁西县、玉田县、迁安市、滦县应作为退草还林实施的重点县区，具体方位应介于39°55′~40°28′N和117°31′~118°19′E之间、且坡度大于25°的山区。

④空间上，迁西县、迁安市、滦县境内一级保护区禁止开发，并降低水田转变为旱地的风险。

⑤空间上，丰南区、曹妃甸区快速城市化的可能性最大，在城镇化过程中应注重加强耕地减少的风险。

第七章 资源型城市生态调控策略研究

第一节 资源型城市生态调控的原则与途径

一、资源型城市生态调控的原则

资源型城市生态调控是一项综合性很强的系统工程,必须要有清晰的思路确定具体的调控目标,才能勾勒出科学合理的城市发展纲要,确保城市生态发展目标的实现。根据对城市生态系统内涵的解析,资源型城市生态调控必须要遵循人地和谐共生原则、统筹兼顾突出重点原则、可操作性原则、强制性与灵活性原则和持续改进原则。

（一）人地和谐共生原则

人地和谐共生指人与自然关系协调,实现经济增长、社会进步和环境保护的双赢。人地和谐是资源型城市生态调控的目的,它是可持续发展的前提和基础。资源型城市生态调控通过对系统结构、共同利益的有机结合,确保系统能在生态承载力范围内不断向生态城市的层次升迁。生态城市是和谐的城市,除了以社会经济发展为基础的人与社会环境的协调外,它还包含着人与自然环境的协调关系,自然与人共生、人回归自然、贴近自然、自然融于城市。因此资源型城市生态调控必须致力于解决以发展为导向、以循环经济为核心的城市产业生态化问题、资源可持续利用问题、生态恢复与建设问题、环境污染治理问题、生态文化塑造问题,以实现经济社会发展与环境保护的协调,实现在人地和谐共生基础上的城市发展。

（二）统筹兼顾,突出重点原则

城市生态建设是一个复杂的系统工程,涉及经济、社会、生态的方方面面。要坚持统筹兼顾,推进经济、社会、文化、生态全面发展,又要突出重点,抓住近期的主要矛盾,集中力量解决主要矛盾,同时,预测未来的发展动态,采取有效措施,防范于未然。

（三）可操作性原则

要使资源型城市生态调控真正发挥作用,就必须使调控具有可操作性。为此,调控目标必须明确合理,调控手段必须切实可行,调控方式必须因时制宜,调控信息必须及时准确。可操作性是衡量调控质量的一个主要标志,它并不是简单地确保某种调控方式、某种调控手段、某种调控方案能够实施,而是指调控必须切中要害且具有显著效果。具有可操作性的调控必须在深入了解城市生态问题基础上，利用现代化的技术手段，获取、传递、处理、加工各种调控信息，然后采用定性定量综合集成方法得出切实可行的调控。

（四）强制性、灵活性原则

生态调控是解决当前城市生态危机，促进城市可持续发展目标实现的唯一手段。但经济人的利己性使得个体很难自愿地放弃眼前利益以促进生态危机的解决，而城市生态危机的解决却又刻不容缓。因此，管理者必须建立强制性措施规范和引导个体和群体的行为，同时，综合运用经济、法律、行政手段，促进全民参与生态经济、社会和文化建设。

（五）持续改进原则

城市生态系统是复杂大系统，具有动态发展、不确定性、复杂性和非线性的特点，人类对复杂大系统的认知能力是有限的，随着理论和实践的发展，对该系统的认识过程是不断深化的，因此，前一阶段制定的措施，随着系统状态的变化可能变成不适宜措施，对生态调控措施必须进行持续改进，包括了解现状，建立目标，寻找、评价和实施解决办法，测量、验证和分析结果，把更改内容纳入下一期的生态建设。

二、资源型城市生态功能调控内容和途径

城市是一个复合生态系统，可以分为经济、环境、社会子系统，在对城市生态系统各要素进行综合的评价和分析基础上，对存在的问题进行诊断，制定出生态调控的基本战略，对基本战略进行分解，然后建立起生态调控目标体系。该目标体系是针对各个子系统而言的，因此也可以分为生态经济调控子目标、生态环境调控子目标、生态社会调控子目标。针对生态调控目标，从规划、工程和管理调控手段出发，建立起面向生态产业、生态环境和生态社会的科学调控方案，对城市生态系统进行解构、优化和整合。在此基础上，通过生态调控目标体系的变化范围和趋势，反馈给决策者，决策者根据反馈的结果来调整前一阶段制定的生态调控的内容和方法，通过这种系统反馈控制来持续改进和提高城市生态系统的健康程度，逐步实现生态城市的建设目标。

生态调控是将控制论的方法引入生态学中，通过生态规划、生态工程设计、生态与环境建设、生态与环境管理、生态意识的普及和提高等方法达到生态系统的高效、和谐与优化。

资源型城市生态调控的主要方法包括城市生态规划、城市生态工程、城市生态管理三方面内容。

（一）生态规划

城市地域为典型的非均质空间，它兼有两种生态系统——自然生态系统和人类生态系统，而以人类生态系统为主。相应的城市景观是由异质单元所组成的镶嵌结构，其基本组成包括自然、半自然环境类的自然生态空间和人工环境类的城镇发展空间以及作为联系纽带的生态廊道。城镇发展空间主要具有文化支持的生态功能，自然生态空间具有环境服务和生物生产的生态功能，生态廊道则主要是起到加强生态联系、提高生态系统的稳定性，并防止城市发展空间无序蔓延的功能。

因此，城市地域生态调控的空间途径，主要是通过生态适宜性分析，确定自然生态空间与城镇发展空间的镶嵌关系，并利用格局优化的方法，调整自然生态空间和城镇发展空间内部的空间布局，加强生态联系，充分发挥生态系统服务功能，促进城市地域的可持续发展。生态敏感性与适宜性分析和景观格局整体优化方法的综合运用，不仅考虑到景观单元"垂直"方向的匹配，而且关注景观水平方向的相互关联以及由此形成的整体空间格局，是生态调控较为可行的空间途径。

（二）生态设计

1. 生态产业设计

生态产业，是继经济技术开发、高新技术产业开发之后发展的第三代产业。生态产业是包含工业、农业、居民区等的生态环境和生存状况的一个有机系统。通过自然生态系统形成物流和能量的转化，形成自然生态系统、人工生态系统、产业生态系统之间共生的网络。

生态产业设计的实质是实现物质循环利用的循环经济。涉及两个尺度：宏观尺度的区域产业经济规划和微观尺度的产业实体设计。宏观上，它是部门和地区生产能力建设和产业结构调整的重要手段，通过生态产业将区域国土规划、城市建设规划、生态环境规划和经济社会发展规划融为一体，促进城乡结合、工农结合、环境保护和经济建设结合；微观上，则为企业提供具体产品和工艺的生态评价、生态设计、生态工程和生态管理方法，涉及企业的竞争能力、管理体制、发展战略、行动方针，包括企业的"绿色核算体系""生态产品规格和标准"等。区域水平产业经济规划的原则有：①原景观原则，区域产业规划必须以维持和恢复区域原生景观功能为前提，充分利用景观优势特征，而不应当破坏当地景观；②可持续原则，产业的资源消耗水平与当地的资源承载力比例适宜，实现永续利用；③结构平衡原则，五大产业结构匹配，功能协调；④人文原则，产业设计的终极目标是提高人类的生存质量，包括物质生活和精神生活；⑤和谐共生原则，人类与自然界其他生命和谐共存；⑥公平原则，区域内产业实体、机构和个人平等享受自然资源的消费权利，平等承担生态建设义务。

生态产业的设计方法有：①横向耦合，不同工艺流程、生产环节、生产部门间横向耦合，经资源共享，变污染负效应为资源正效应；②纵向闭合，第一、二、三产业在企业内部形成完备的功能组合，产品从摇篮到坟墓的生命周期全过程实现系统管理；③区域耦合，厂内生产区与厂外相关的自然和人工环境构成空间一体化的产业生态复合体，逐步实现有害污染物在系统内的全回收和向系统外的零排放；④社会整合，企业将社会的生产、流通、消费、回收、环境教育及能力建设融为一体，在提供生产功效的同时培育一种新型的社区文化并提供正向的生态服务；⑤功能导向，企业对社会的服务功能并非以产品或产值为经营目标，产品只是企业资产的一部分，而是通过其服务功能、社会信誉、更新程度的最优化来实现价值；⑥能源替代，尽可能使用可更新能源，如太阳能、风能、潮汐能、地热等替代煤炭等不可更新能源；⑦信息开放，企业信息及技术网络的畅通性、灵敏性、前沿性和大的开放度；⑧人类生态，劳动不只是一种成本，也是劳动者实现自身价值的一种享受,提高劳动生产率的结果是增加而不是减少就业机会。员工一专多能,他们是产业过程自觉的设计者和调控者而不是机器的奴隶。

生态工业园建设是建设生态工业的重要途径。生态工业园泛指被分割和开发以供多个公司同时使用的大面积的地域,一般具有某些可共享的基础结构,公司之间又有比较紧密的联系。工业园的类型包括出口加工区、工业群、商务园、办公园、科研园以及生物技术园等。

2. 清洁生产设计

传统发展模式只关注经济本身,目标是产值和利润的增长,甚至损害环境效益以追求经济效益。先污染后治理,实质上是没有充分考虑污染给整个社会造成的实际代价,生活质量并没有与经济效益成正比。环境问题的实质是发展问题,是在发展过程中产生的,需要在经济发展的过程中加以解决。清洁生产是指将综合预防的环境保护策略持续应用于生产过程和产品中,以期减少对人类和环境的风险。清洁生产的定义包含了两个全过程控制:生产全过程和产品整个生命周期全过程。

对生产过程而言,清洁生产包括节约原材料和能源,淘汰有毒有害的原材料,并在全部排放物和废物离开生产过程以前,尽最大可能减少它们的排放量和毒性。对产品而言,清洁生产旨在减少产品整个生命周期过程中从原料的提取到产品的最终处置对人类和环境的影响。

(三)生态工程建设

1. 环境污染综合治理

环境污染物的末端治理是指在生产过程的末端,针对产生的污染物开发并实施有效的治理技术。末端治理在环境管理发展过程中是一个重要的阶段,它有利于消除污染事件,也在一定程度上减缓了生产活动对环境的污染和破坏趋势。

以生态和环境承载力理论为基础,对污染物排放进行总量控制(简称总量控制),是将某一控制区域(如行政区、流域、环境功能区等)作为一个完整的系统,采取措施将排入这一区域的污染物总量控制在一定数量之内,以满足该区域的环境质量要求。总量控制应该包括三个方面的内容:①污染物的排放总量;②排放污染物的地域;③排放污染物的时间。

2. 生态修复

生态修复研究的时间和历史可追溯到19世纪30年代,但将生态修复作为生态学的一个分支进行系统研究,是从1980年Cairns主编的《受损生态系统的恢复过程》一书出版以后才开始的。生态恢复既可以依靠生态系统本身的自组织能力和自调控能力,也可以依靠外界人工调控能力。

生态修复定义是指对生态系统停止人为干扰,以减轻负荷压力,依靠生态系统的自我调节能力与自组织能力使其向有序的方向进行演化,或者利用生态系统的这种自我恢复能力,辅以人工措施,使遭到破坏的生态系统逐步恢复或使生态系统向良性循环方向发展。主要指致力于那些在自然突变和人类活动影响下受到破坏的自然生态系统的恢复

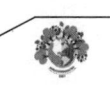

与重建工作。

生态恢复的目标不是要种植尽可能多的物种，而是创造良好的条件，促进一个群落发展成为由当地物种组成的完整生态系统。或者说目标是为当地的各种动物提供相应的栖息环境。生态恢复的方法有物种框架方法和最大多样性方法。

生态恢复工程技术大致可分为生物技术和工程技术两大类。不同类型（如森林、草地、农田、湿地、湖泊、河流、海洋）和不同程度的退化生态系统，其恢复方法亦不同。

土壤生态恢复工程技术主要包括沙漠化土地生态恢复重建工程技术、盐碱地生态恢复工程技术、矿山开垦地生态恢复工程技术、南方红壤酸土生态恢复重建工程技术。土壤生态恢复工程技术主要包括沙漠化土地生态恢复重建工程技术、盐碱地生态恢复工程技术、矿山开垦地生态恢复工程技术、南方红壤酸土生态恢复重建工程技术。

湖泊水体的生态恢复工程技术主要是工业废水的生态处理与恢复工程技术、生活污水的生态化处理、江河湖泊的富营养化与生态恢复技术、地下水的污染与生态恢复工程技术。

退化及破坏植被的生态恢复重建工程技术主要是生态公益林的建设与管理技术、草场生态恢复工程与技术、农林系统中植被生态恢复工程技术、生物多样性的恢复与重建技术。

水土保持与小流域开发治理生态恢复工程技术主要是水土保持的工程恢复技术、水土保持的生物恢复工程、水土保持的综合恢复工程技术、小流域治理的生态原理、小流域治理的生态恢复工程及生态恢复技术。

自然保护区是生态恢复工程中很重要的技术手段，自然保护区的建设对濒危物种的保护、对生物多样性的保护、对景观和生态系统多样性的保护都具有十分重要的意义。其中包括自然保护区中的生态恢复与技术。

3. 生态文化建设

（1）提高人口素质。

全面提高人口素质，加强优生优育服务网络建设，加强流动人口的生育管理，建立调控有力、管理有效、政策法规完备的生育保障体系。重视人口老龄化趋势，努力解决老龄人口社会保障和精神生活问题。大力发展科技、教育、文化、卫生、体育事业，不断提高市民的科技文化水平和综合素质，建立具有预防、医疗、康复等综合服务功能的城乡卫生服务体系。大力推进社会保险制度的改革和发展，不断扩大社会福利的覆盖面，调整优化福利事业结构，建立健全社会保障体系。

（2）加强生态学知识的教育和普及。

提高管理者和公众的生态意识在各级学校加强生态环境教育，培养生态文化的观念和意识，努力造就具有生态环境保护知识和保护意识的一代新人。提高政府和企业管理人员的生态文化素质，使生态建设和环境保护成为政府决策和企业行为的自觉行动。利用各种传播媒介广泛开展可持续发展思想、生态环境知识和生态市建设的宣传教育活动，促进公众传统价值观的转型。

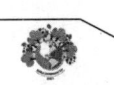

（3）建设绿色决策机制。

决策文化建设，要从完善地方法规体系和管理体系入手，使决策体制符合生态文化的导向，遵守"人与自然共生"的基本法则。建立和完善环境与经济发展综合决策机制，推行科学的行政管理和决策方法，严格执行生态环境影响评价制度，重大决策行动实行听证会制度，通过媒体向公众实事求是地通报情况，征求意见。

（4）建设企业生态文化。

推广ISO 14000认证和清洁生产工艺：在区域范围内，重点在工业开发区开展企业ISO14000标准认证工作，以规范企业生产行为，提高企业综合环境管理水平。同时，政府要制定相应的经济激励政策，鼓励企业的环境保护行为。

建立企业生态文化的教育和培训制度：通过制定员工手册、企业规章把生态行为准则纳入员工考核的指标，作为奖惩的依据，培养与确立企业员工的环境保护与生态建设观念。

树立模范生态企业，为企业进行生态文化形象设计：在企业形象策划、产品开发、商标设计、广告发布等商务活动中体现企业对生态保护方面的重视，在企业建筑设计上体现生态理念，注重节水、节能、节约原材料和采用环保涂料；在办公用品、交通工具的选择上提倡使用绿色产品；在产品包装等方面提倡适度包装，减少不必要的包装废物产生。

（5）加强社区生态文化建设，倡导绿色消费模式。

以培育生态文化为出发点，构建文明社区。建立各单位参加的社区生态文化共建组织，制定不同社区生态文化建设规划，实现目标管理责任制，协调好各功能体之间的关系，促进社区生态文化建设工作扎实有效地开展。

倡导绿色消费文化观，"绿色消费"的概念有三层含义：一是倡导消费者在消费时选择未被污染或有助于公众健康的绿色产品；二是在消费过程中注重对垃圾的处置，不造成环境污染；三是引导消费者转变消费观念，崇尚自然、追求健康，在追求生活舒适的同时，注重环保、节约资源和能源，实现可持续消费。也就是说，在社会消费中，不仅要满足我们这一代人的消费需求和安全、健康，还要满足子孙后代的消费需求和安全健康。

4. 生态信息化建设

现代社会是信息社会，从本质上看，信息化是以信息资源开发和应用为核心的新技术推广和扩散应用的过程，并通过这个过程逐步实现产业结构和社会经济结构的变化。生态城市实际上是生态经济和生态城市的叠加。生态经济是把经济发展与生态环境保护和建设有机结合起来，以循环经济为核心的可持续发展的经济模式。生态城市建设包括生态经济建设、生态文化建设和生态环境建设。与传统城市比较，生态城市具有和谐性、高效性、持续性、整体性、区域性的特征，包括人与自然的和谐、人与人的和谐。

城市经济发展过程中，必须考虑人口、资源、环境的协调和可持续发展，使资源要素、环境要素和各种生产要素在先进技术的作用下实现优化配置，产生高附加值，获得高回报率。因此，需要及时和高效地获取、传递、加工、处理海量数据和信息，再进一步综合集成调控对策，对生态城市的发展进行最佳调控。而生态城市信息化就是以城市信息基础设施建设为平台，开发、整合、利用各类信息资源，实现城市的经济、社会、生态各个运作层面的智能化、网络化、数字化。城市信息化为生态经济城市建设提供了强有力的支持，并发挥越来越重要的作用。其主要内容包括政府管理信息化、城市管理信息化等。

（四）生态系统管理方法

生态系统方法不是一种具体的生态系统管理方法，而是一种综合各种方法来解决复杂的社会、经济和生态问题的生态系统管理策略。它提供了一个将多学科的理论与方法应用到具体管理实践的科学和政策框架。生态系统方法定义为：一种维持或恢复自然生态系统及其功能和价值的方法。其基本内涵包括：生态系统方法以一种综合社会和经济目标的自然资源管理方式来恢复和维持生态系统的健康、生产力和生物多样性以及生命的总体质量；生态系统方法立足于一个综合生态、经济和社会三方面因素、与各利益相关方共同制定的未来展望上，应用于主要由生态边界确定的地理区域内。

显然，生态系统方法重视自然系统与社会经济系统之间的联系，它强调如下内容：①必须考虑到所有相关的和可以确认的生态和经济后果（包括长期和短期）；②加强政府机构间的协调；③在各级政府、地方居民、土地所有者及其他利益相关方之间形成合作伙伴关系；④改善与普通大众之间的交流；⑤更经济有效地履行政府的职责；⑥采用最好的科学技术；⑦改进信息和数据管理；⑧当获取到新的信息后，立即调整管理方针。

第二节 基于生命周期理论的生态调控策略研究

一、新生型资源型城市

由于因资源而建城，我国许多资源型城市的区位远离经济发达地区，并且其交通系统、供水状况、地形条件都不足以达到一个城市在发展层面上的要求。此外，城市的发展往往围绕着资源产业建立工业体系，直接导致了城市发展的失衡、经济结构的单一。发展与资源、环境、人口之间的矛盾和问题，使资源型城市的可持续发展受到制约。

通过对国外资源型城市的转型经验进行分析，发达国家采取的基本手段就是因地制宜地制定发展规划、建立组织机构。例如，德国鲁尔区的工业改造初期，德国政府成立了鲁尔煤炭区开发协会的规划协调机构，并在整个过程中发挥了积极的指导作用。另外，制定相关宏观政策也是十分必要的。比如，为支持资源型城市的可持续发展建立补偿制度；制定优惠的税收政策以吸引外部投资；为保障人口的就业率和技术能力的提升，提供资金对人才进行培训。

此外，同样也要做好以下两方面的工作：①对资源型城市进行全面的地质调查和研究工作，包括对资源的区位条件总体的评估；②从此阶段起，就要系统规划资源型城市在整个产业生命周期的发展思路，其中应包括人力资源储备、分配和接替产业的发展道路。

二、成熟型资源型城市

资源型城市处于成长期阶段的发展会趋向两种模式：①在进入成熟期前就大力发展新兴产业，调动整个城市经济结构、活跃市场经济，走向可持续发展的道路；②由于过度依赖资源产业，随着资源储量的萎缩，资源型城市的发展也逐渐面临衰退。因此，我们也可以认为成长期就是一个资源型城市的最佳转型期。

在此阶段，资源型企业作为资源型城市发展的主体，并且企业在发展过程中吸纳了大量资源，因此资源型企业就承担了大部分的社会职能。然而，过重的社会责任不仅严重地约束了企业的自身发展，还制约了资源型城市的发展。"先生产、后生活"的观念使居民得不到良好的社会保障和生活质量。因企业对人力、财力和政策资源的优先利用，还使得城市的基础设施得不到完善。另外，在产业发展的层面上接替产业的发展动力不足、步伐缓慢。

分析国外对资源型城市的改造经验，存在一个共同点：注重资金投入和技术的创新。也就是说，在为城市的转型提供资金资助和资源补偿的保障方面，政府必须发挥积极作用。而技术投入方面，鼓励创新产业技术的同时，也要加大力度开发高新技术产品、发展配套产业，倡导绿色经济并推进城市的多元化发展。另外，政府应加强对环境保护、治理方面的管理和监督，并且指导城市基础设施的建设，以改善居民的生活环境和质量，吸引更多的人才。

当资源型城市发展到了成熟阶段，意味着企业的经济效益和产业发展均达到最高点的同时，也同样在暗示人类对自然资源的开发量也达到了最大限度，导致资源、生态环境都不堪重负。前两个阶段积累的问题和矛盾在成熟阶段逐渐暴露。

因此，寻找并培育适宜当地发展的新兴产业或接替产业，改善经济增长缓慢的窘况是资源型城市在成熟阶段需要解决的主要难题。同时，也要对员工进行相关培训，以便更好地融入新的产业发展体系和生产环境，从而有效地解决因资源的枯竭而即将面对的产业转型和失业等问题。

三、衰退型资源型城市

资源枯竭型城市，即由于矿产资源开发过多，使得矿产资源的开发逐渐进入枯竭阶段。随着资源的衰退或枯竭，资源型城市的产业效益和经济总量也将下降，并出现多半的职工收入不及全国城市居民人均收入水平的现象。大部分的资源型城市，最初是为了促进国家发展而建立的，国家投入大量人力、物力、财力的目的就是为国家提供资源，让资源得到有效的输出，活跃工业城市及沿海城市的发展。然而，其中最重要的产业结构、经济体制、生态利益等是否可以达到可持续性，政府没有进行周全的思考。

强调提高经济效益和产业指标，以"经济发展"为主的发展道路，必将影响社会、经济、环境三者之间的平衡和稳定。在如此重视 GDP 增长的时代，政府在决策的过程中也不免会倾向有助于经济发展的一侧，包括企业也只会顾及自身的经济效益，无节制地滥取、滥用资源。然而，不知觉中就走向了不可持续的发展道路。以矿产资源为例，由于我国早期制定的计划经济体制中，对其价格的设定偏低，导致矿产资源型城市从外部获取的利益远远小于城市本身带给外部的收益。不计入生态和环境成本、不合理的资源价格设定，直接引向了资源的掠夺性开发的残局。

资源枯竭型城市存在许多严重的生态环境问题，需要尽快得到解决。例如，煤层瓦斯会扩散到大气中；矿产资源在开发和生产的过程中会产生的大量废水；大量的固体废弃物的堆积会占用大面积土地、破坏森林，甚至引起地质灾害和地面沉降。此外，由于产业结构单一、接续产业建设缓慢，再加上资源渐渐枯竭，城市的主导产业也随之衰退。这将直接影响城市生态环境的治理与建设进程、居民的社会保障与福利待遇保障、失业人员进行的培训与再就业安排进度。面临着支出日益增加，却得不到稳定的收入或财政收入愈加减少的双面夹击，外加因资源枯竭带来的严重的失业现象，促使资源枯竭型城市必须尽快找到转型的动力，实现可持续发展。

世界上有很多发达国家也曾有过同样的经历，并且将资源枯竭型城市成功转型。美国的休斯敦，曾将单一的石油资源产业结构转向了多元化的发展模式；德国的鲁尔，成立了"鲁尔煤管区开发协会"并制定详细的法律与政策计划；促使鲁尔进入多种行业共同发展的新道路；日本的北九州，在新的产业政策带领下以吸引大量新的企业入驻的方式，盘活城市的转型计划。

资源枯竭型城市的转型问题还需从政策的详细制定，环境、经济及社会的制度体系的保障着手解决。对于我国枯竭型资源型城市的调控策略可归纳为以下三个方面。

（一）环境政策

寻找新能源，进而改变现有的能源结构，促进资源枯竭型城市的产业转型；废弃高耗能、低效率的传统技术，着力开发新技术及新工艺，走绿色产业发展的路线；在政府的引导下，加强区域间的联系与协调，共同建立和治理自然环境。环境的可持续发展的保障制度：对于废弃矿山的治理，应设立相关规定和标准严格执行，并有必要设立环境整治的专项基金便于进行对矿山环境的治理和改善工作。此外，还应对开发资源带来的地质灾害问题加以防范并做好应急措施，保证生态和城市安全。

（二）经济政策

对于适合在资源枯竭型城市发展的新兴项目可以加以投放，帮助带动整个城市的发展；政府要积极发挥主导作用，为资源枯竭型城市提供资金支持，其中包括融资或设立转型的专项基金；调整并协调市场的需求和取向，促进资源结构的改变，转变对单一资源的过度需求的局面；为产业的成功转型，发展接替产业是一个大工程且起步较难，因此对资源枯竭型城市实施减免税制度也是十分必要的。经济的可持续发展的保障制度：完善资源枯竭型城市的主导产业退出的相关程序和工作；可以从发达城市的税收中提取一部分，建立一种"区域生态补偿"制度，用于资源枯竭型城市的建设。

（三）社会政策

制定详细和具体的法律和法规，关注失业人群的再就业问题和再就业前的培训进程、棚户区的改造及搬迁问题、为保障社会福利提供资金支持。社会的可持续发展的保障制度：解决民生问题，如失业人群的再就业和棚户区的改造，使居民的利益和福利得到保障是尤为重要的；可以在恰当的时期，告知企业及居民当前城市的发展动态及未来走向，以便于提早为将来做一个更好的规划。

四、再生型资源型城市

由于过渡依赖资源、环境污染严重等问题的积累，增强了再生型城市发展路径的危机感。

为此，各级领导干部必须要简政放权、简化审批手续、优化审批流程，为企业的转型提供各项支持。同时，也要落实考核体系，主要包括节能减排、招商引资、新兴产业、区域经济、资本运作、生态环境等方面。利用资源型城市的地理优势和特点发展旅游经济和相关服务产业，并且积极发展文化产业、培育文化人才，从根本上提高人才水平，创建文化强市，实现城市的经济和社会发展的双赢。鼓励创新产业的科技技术，加大力度培养和引进更多的创新人才的同时，也要为其创建良好的生活环境、提供更好的福利保障。另外，加大市场的竞争力，促进国有资本对具有发展潜力和前景的新兴产业的投入，从而推动经济结构的改革、产业结构的升级。

第三节 基于资源属性的生态调控策略研究

一、煤炭资源型城市

煤炭资源，是我国在发展的过程中依赖的主要能源，占有重要地位。因此，有关煤炭资源利用的稳定性、经济性、可持续性、可靠性的保障工作是十分重要的。

安全且高效地开采煤炭资源、发展清洁的煤炭产业是煤炭资源型城市的重要任务。其中包括：一面提高煤炭资源的使用过程中的利用效率，一面发掘煤炭工业发展的潜力，进而全面推动整个煤炭产业的空间发展进程；研发新的技术、新的工艺、更新陈旧的设备或机器，摒弃高耗能、低效率的产业发展模式，运用科技的力量创新传统的商业模式，使煤炭企业的产业效益和竞争力都得到提升，实现煤炭产业的低碳化、加快循环经济的发展；通过对资源和原材料进行深加工或提供增值服务，不仅帮助增加其附加值，还有效地提高了资源的利用率，进而推动整个产业链的升级或转型；寻找接替产业的动力源，并结合区域的特点和要求，制定一个稳定、有效的发展规划；政府制定详细的政策和法律法规，并加强对煤炭开采业的管理，制定严格的环境质量标准，积极治理和保护矿区生态环境；以解决民生问题为落脚点，保障民众的社会福利和利益（如就业及培训和棚户区改造及搬迁问题）。

实际上，一切都源于发展对煤炭资源的过渡依赖。因此减少对煤炭的需求，提倡开发有利于提高经济效益的其他资源，或具有较好的区位条件和便利的交通系统的资源、在未来有转化潜力的资源。

二、石油资源型城市

我国石油资源型城市与其他类型的资源型城市不同，国家以直接调控石油企业的方式控制石油资源，即把对石油资源的管理方式等同于对石油企业的管理。在我国的计划经济引领下，石油企业是由国家直接监管和投资监理的。

石油企业一直被当作一个指定的石油资源区域的生产单位，石油资源型城市则是一个石油生产基地，并且许多石油资源型城市也是为开发油田而建立的，但只要石油资源枯竭，就应该撤销石油生产单位和生产基地，石油企业的存亡与否、兴衰与否，本应和该区域的社会经济发展无关。然而我们把一切功能与性质等同对待，政企合一、政资合一、企业办社会，导致石油企业不能够通过自身谋求发展，以石油开采企业为主要或唯一服务对象的企业和各种服务机构也不可避免地走向衰落，进而石油资源型城市的发展也受到约束和影响。

因此，石油资源型城市需要产业转型是在所难免的，其中政府的宏观调控必将发挥重大作用，主要体现方面：建立适合石油型资源型城市的产业转型政策；为接替产业和石油、天然气等资源设立专项拨款制度，也可通过财政和税收政策的综合作用或有效发挥市场经济机制和价格机制的作用（如征收资源税和资源价格的调整），为转型过程中所需资本提供保障；建立高效的政府职能体系，加强监管和行政力度；有效解决民生问题（如失业群体）、完善和规划制度，以保障人民群众的社会福利和待遇；优化基础设施和交通系统，建设优质社会和环境。

此外，针对石油资源型城市的调控策略还应包括以下方面：

鼓励挖掘和培养具有适应国际化发展潜力的石油企业，协助入驻企业解决经营难题，建立全面开放、功能成熟、监管有序、运转高效的城市市场体系，为提升石油资源型城市的整体功能、服务质量和服务水平，创造良好的发展空间、良好的环境和社会服务。休斯敦和卡尔加里——世界著名的石油城，就是依靠具有国际竞争力的企业群而实现了城市的持续繁荣，其中不仅包括了石油企业，还有贸易、通信、科技、金融、服务等多种行业，企业也绝非某一特定区域的生产基地，而是面向全球范围的石油贸易、商务中心。

改变对单一资源的依赖现象，废弃国家对石油公司实施的"单一法人"制度的管理方式，依据不同石油资源型城市的现存资源、区位条件、环境状况、市场体系，找准各自在不同产业周期的产业转型定位。另外，寻找可开发、可替代的其他自然资源的同时，也要充分利用社会资源、科技资源和人文资源，进而实现因地制宜的、多元化的发展。

三、森工资源型城市

森工资源型城市不同于其他资源型城市，林业资源是一种可再生能源。森林是陆地上具有最复杂的结构、最大范围的面积、最多生物量、最高初级生产力的生态系统，只要在保证林木生长量的前提下合理地采伐并控制采伐量，理论上不会破坏森林生态系统的稳定和平衡。

然而，森工资源型城市在发展的道路中存在以下障碍：内生发展能力不足，资源的"输出—受益"机制得不到完善，资源的初加工也处于较低的水平；对单一资源的过分依赖使得林业资源的储量逐渐减少；由于森工资源型城市的分布远离国家经济重心（如吉林、黑龙江），得不到非资源型城市的支持，使得接替产业的发展也受到严重影响，主要矛盾体现在人力资本、资金的缺乏，交通不便利和商贸环境等方面；天然林资源保护工程的启动在某种程度上约束了森工资源型城市的社会经济发展；林权和政府调控手段的不完善，延缓了城市内部的集体林的经济发展进程。

通过分析与总结，森工资源型城市的调控策略可归为以下几点：

（1）集中人口、调整人口布局，不仅缓解由于人口分散引起的公共服务效率的损失和财政压力，也为产业技术的升级、劳动力数量的需求、延伸产业链提供人才资源的同时，促进了森林保育基地的建设。在迁入和迁出的过程中，需要政府发挥积极作用，设立相关补偿政策，为民众提供就业岗位和福利保障。

（2）对林业资源进行综合开发。除对木材的有效利用外，林下资源加工业、特色养殖业、森林旅游业等绿色经济发展源均可促进森工资源型城市的全方位、多元化发展。通过鼓励发展林下资源工业，如适度开发具有丰富矿产资源的森工资源型城市，并将其作为适于城市短期发展的接替产业，以帮助森工资源型城市安全度过过渡期，缓解资源本身和生态环境的压力。

（3）加强对生态环境的保护、修复和治理，提升环境的质量和生态功能。鼓励产业技术的创新，主张科学、合理地利用林业资源。对于森工资源型城市在过度期阶段由于资源开发和生态恢复带来的损失和所需资本，政府都应制定详细的政策和产业援助机制或多方面、多渠道地筹措资金。政府也需定期对森工资源型城市进行多方面考核，深入了解森工资源型城市内生发展情况，以及居民的就业率和收入情况。

（4）政府应完善法律、法规，对林权进行全面改革，进而调动企业和居民对保护林业资源的积极性。另外，林业文化的培育也将对政府、企业和居民形成生态环境保护意识有很大的帮助，并推进了森工资源型城市的可持续发展。

四、冶金资源型城市

发展经济，必然离不开钢铁的发展。冶金工业是我国钢铁产业的重要支柱，也是钢铁企业发展的基础。尽管我国冶金产业发展发展很快，也具有比较全面的钢铁工业体系，但一些方面仍有待完善，并且工业的发展与生态环境、自然资源的供应之间的矛盾凸显。

有些企业的生产和加工装备性能差、产业技术水平低等，阻碍了经济发展，导致企业经济效益惨淡。为追求更高的经济利益，一些地区和企业无视自然资源和生态环境的承载力，无证开采、违章冶炼金属矿产资源、盲目扩大企业规模，造成一系列资源利用效率低、环境污染和资源浪费等严重问题。受到历史问题的残留因素影响，我国钢铁企业主要分布在人口密集、水资源紧缺的地区，并靠近大中型城市和资源型城市的内陆地区。钢铁产业在冶金的过程中，给当地居民和环境带来诸多不利影响，污染环境的同时，还对环境容量、水资源、能源储量等方面造成威胁甚至破坏。工业发展中，由于用水量过大以及受到运输条件的制约，使得成本也以某种程度相应增加，而用于发展冶金工业的资金也长期处于紧张状态，工业又缺乏自筹资金的能力，使得冶金工业的发展受到严重约束。

综上，针对冶金资源型城市特点，其调控策略可列为以下几个方面：

（1）维护发展与资源利用、生态环境之间的平衡。企业在未来发展中，应注重冶金工业开发和项目投资的质量和产业生产率的提高、环境保护等方面的工作。同时，政府也要发挥积极作用，制定严格的环境保护相关法律、法规和标准，与其他相关部门协调、团结并分清职责，以更好、更快地实现资源节约型城市的建设和环境有效保护、生产安全保护的可持续发展目标。

（2）更新产业技术、鼓励采用新技术和新工艺，科学地发展冶金工业。分析国际先进技术和经验，制定适合我国冶金资源型城市特点的发展路径，进而优化生产线、实现产业结构升级、提高产品的附加值、提升产业技术。

（3）有效利用信息技术发展冶金工业，使其主要生产线和主要设备实现过程自动化和基础自动化，建立和完善适应冶金企业发展的科技创新体制和运行体制，以提高市场竞争力、产品质量和企业经济效益。

五、其他资源型城市

对于其他资源型城市，应根据该资源型城市的资源特点、生命周期、城市区位等特征来制定适合于该城市自身条件的建设与发展战略计划。例如，鼓励发展循环经济和清洁生产，加强生态农业的建设、升级传统及现代服务业；以解决民生问题为落脚点，完善社会保障体系和就业体系，维护城市社会的稳定性；对城市进行合理布局从而改善城市功能，加大保护和治理生态环境的力度，创建绿色城市环境；建立可持续发展补偿基金，并实施资源产业补偿机制、枯竭产业退出机制和新兴产业振兴机制；提高资源的利用率和综合开发能力，改变产业结构单一的现象，鼓励完善产业结构、推动接替产业的发展，促进城市向多元化的综合型城市发展等。

参考文献

[1] F Rebele. Urban Ecology and Special Features of Urban Ecosystems [J]. Global Ecology and Biogeography Letters, 1994: 173-187.

[2] 邬建国, 郭晓川, 杨稢, 等. 什么是可持续性科学? [J]. 应用生态学报, 2014, 25 (1): 1-11.

[3] 张沛, 张中华, 孙海军. 城乡一体化研究的国际进展及典型国家发展经验 [J]. 国际城市规划, 2014, 29 (1): 42-49.

[4] M Alberti, J.m. Marzluff. Ecological Resilience in Urban Ecosystems: Linking Urban Patterns To Human and Ecological Functions [J]. Urban Ecosystems, 2004, 7 (3): 241-265.

[5] J M Marzluff, Island Biogeography for an Urbanizing World How Extinction and Colonization May Determine Biological Diversity in Human-Dominated Landscapes, in: Urban Ecology, Springer, 2008: 355-371.

[6] 杨东峰, 殷成志, 龙瀛. 城市可持续性的定量评估: 方法比较与实践检讨 [J]. 城市规划学刊, 2011, 55 (3): 58-65.

[7] A M Gill. Enhancing Social Interaction in New Resource Towns: Planning Perspectives [J]. Tijdschrift Voor Economische En Sociale Geografie, 1990, 81 (5): 348-363.

[8] B Marsh. Continuity and Decline in the Anthracite Towns of Pennsylvania [J]. Annals of the Association of American Geographers, 1987, 77 (3): 337-352.

[9] G Halseth. Resource Town Employment: Perceptions in Small Town British Columbia [J]. Tijdschrift Voor Economische En Sociale Geografie, 1999, 90 (2): 196-210.

[10] D Houghton. Long-Distance Commuting: A New Approach To Mining in Australia [J]. Geographical Journal, 1993: 281-290.

[11] P Parker. The Cost of Remote Locations: Queensland Coal Towns [J]. Resource Communities: Settlement and Workforce Issues, 1988: 79-95.

[12] R t. Jackson. Commuter Mining and The Kidston Gold Mine: Goodbye To Mining Towns? [J]. Geography, 1987: 162-165.

[13] J Bradbury. Living with Boom and Bust Cycles: New Towns on The Resource Frontier in Canada, 1945-1986 [J]. Resource Communities: Settlement and Workforce Issues, 1988: 3-20.

[14] S Sharma, S. Rees. Consideration of the Determinants of Women's Mental Health in Remote Australian Mining Towns [J]. Australian Journal of Rural Health, 2007, 15 (1): 1-7.

[15] R M Auty. Industrial Policy Reform in Six Large Newly Industrializing Countries:

The Resource Curse Thesis [J]. World Development, 1994, 22（1）: 11-26.

[16] J d. Sachs, A.m. Warner. The Curse of Natural Resources [J]. European Economic Review, 2001, 45（4）: 827-838.

[17] N Pani. Resource Cities Across Phases of Globalization: Evidence From Bangalore [J]. Habitat International, 2009, 33（1）: 114-119.

[18] G Hilson, B. Murck. Sustainable Development in The Mining Industry: Clarifying The Corporate Perspective [J]. Resources Policy, 2000, 26（4）: 227-238.

[19] A Azapagic. Developing A Framework for Sustainable Development Indicators for The Mining and Minerals Industry [J]. Journal of Cleaner Production, 2004, 12（6）: 639-662.

[20] D Creedy, W. Lijie, Z. Xinquan, et al., Transforming China's Coal Mines: A Case History of The Shuangliu Mine, in: Natural Resources Forum, Wiley Online Library, 2006: 15-26.

[21] V Martinet, L. Doyen. Sustainability of an Economy With an Exhaustible Resource: A Viable Control Approach [J]. Resource and Energy Economics, 2007, 29（1）: 17-39.

[22] J Yu, Z. Zhang, Y. Zhou. The Sustainability of China's Major Mining Cities [J]. Resources Policy, 2008, 33（1）: 12-22.

[23] Y Liu, G. Yin, L.j. Ma. Local State and Administrative Urbanization in Post-Reform China: A Case Study of Hebi City, Henan Province [J]. Cities, 2012, 29（2）: 107-117.

[24] M Walker, P. Jourdan. Resource - Based Sustainable Development: An Alternative Approach To Industrialisation in South Africa [J]. Minerals & Energy-Raw Materials Report, 2003, 18（3）: 25-43.

[25] J l Scarpaci, K.j. Patrick. Pittsburgh and The Appalachians: Cultural and Natural Resources in A Postindustrial Age [M]. University of Pittsburgh Pre, 2006.

[26] K Inoue. Structural Changes and Labour Market Policies in Japan [J]. Int'l Lab. Rev., 1979(118): 223.

[27] R Hassink, D.-H. Shin. The Restructuring of Old Industrial Areas in Europe and Asia [J]. Environment and Planning A, 2005, 37（4）: 571-580.

[28] H Peng, J. Guan. Investigation Report of Transition of Resource-Based Cities in Britain, France, And Germany [J]. Macroeconomic Research, 2011（8）: 71-73.

[29] 姚士谋, 张平宇, 余成, 等. 中国新型城镇化理论与实践问题 [J]. 地理科学, 2014, 34（6）: 641-647.

[30] 杨建国, 白永秀, 赵海东. 中国资源型城市转型的制度变迁模型及供求研究 [J]. 内蒙古大学学报（哲学社会科学版）, 2014, 46（1）: 60-65.

[31] 许吉黎, 焦华富. 成熟期煤炭资源型城市社会空间结构研究——以安徽省淮南市为例 [J]. 经济地理, 2014, 34（1）: 61-68.

[32] 温晓琼, 周亚雄. 我国资源枯竭型城市经济发展的制约因素 [J]. 城市问题,

2013，32（1）：40-44.

[33] 王中亚. 中国典型资源型城市产业生态化发展研究 [J]. 中国国土资源经济，2013，29（2）：54-58.

[34] 王琼杰. 资源型城市可持续发展的"行动指南"——解读《全国资源型城市可持续发展规划（2013~2020年）》[J]. 国土资源，2014，（1）：7-9.

[35] J Z Zhao，D.b. Dai，T. Lin，Et Al. Rapid Urbanisation, Ecological Effects and Sustainable City Construction in Xiamen [J]. Int. J. Sustain. Dev. World Ecol，2010，17（4）：271-272.

[36] 汪戎，郑逢波，张强. 转变资源型产业发展方式的路径探索——2012年中国"资源型产业升级和产业结构调整"学术研讨会观点综述 [J]. 管理世界，2012，28（5）：152-156.

[37] 陶晓燕. 资源枯竭型城市生态安全评价及趋势分析——以焦作市为例 [J]. 干旱区资源与环境，2014，28（2）：53-59.

[38] 陶晓燕. 基于主成分分析的资源型城市产业转型能力评价 [J]. 资源与产业，2013，15（2）：1-5.

[39] 谭玲玲，刘传庚. 资源型城市低碳转型成熟度评价模型及实证研究 [J]. 中国矿业大学学报（社会科学版），2014，16（3）：74-80.

[40] 孙威，李洪省. 中国资源枯竭城市的区位条件辨析 [J]. 地理学报，2013，68（2）：199-208.

[41] 李晓江，尹强，张娟，等.《中国城镇化道路、模式与政策》研究报告综述 [J]. 城市规划学刊，2014，58（2）：1-14.

[42] 李鹏飞，代合治，谈建生. 资源枯竭型城市产业转型实证研究——以枣庄为例 [J]. 地域研究与开发，2012，31（2）：67-72.

[43] 张学春，金兆怀，张友祥. 吉林省资源型城市可持续发展的问题与对策探讨 [J]. 东北师大学报（哲学社会科学版），2014，64（1）：40-45.

[44] 李汝资，宋玉祥. 东北地区资源型城市发展路径及其演化机理研究——基于人地关系视角 [J]. 东北师大学报（自然科学版），2014，46（1）：150-156.

[45] 付桂军，齐义军. 煤炭资源型区域可持续发展水平比较研究——基于模糊综合评价法的分析 [J]. 干旱区资源与环境，2013，27（4）：106-110.

[46] 马克，李军国. 我国资源型城市可持续发展的实践与探索——国内资源枯竭型城市十年经济转型经验与展望 [J]. 经济纵横，2012，38（8）：1-7.

[47] 杜勇. 我国资源型城市生态文明建设评价指标体系研究 [J]. 理论月刊，2014，36（4）：138-142.

[48] 付存军，耿玉德. 黑龙江省林业资源型城市转型主导产业选择问题研究 [J]. 林业经济问题，2014，34（4）：344-349.

[49] 郭存芝，罗琳琳，叶明. 资源型城市可持续发展影响因素的实证分析 [J]. 中国人

口·资源与环境，2014，24（8）：81-89.

[50] 孔瑜，杨大光. 中国资源型城市产业转型的模式选择 [J]. 资源开发与市场，2014，30（1）：85-88+49.

[51] 刘春燕，谢萍，毛端谦. 资源衰退型城市接续产业选择研究——以江西萍乡市为例 [J]. 地理科学，2014，34（2）：192-197.

[52] 陈晨，夏显力. 基于生态足迹模型的西部资源型城市可持续发展评价 [J]. 水土保持研究，2012，19（1）：197-201.

[53] 丁岩林，李国平. 我国矿产资源开发生态补偿政策演进与展望 [J]. 环境经济，2012，（3）：47-54.

[54] H Li，R. Long，H. Chen. Economic Transition Policies in Chinese Resource-Based Cities：An Overview of Government Efforts [J]. Energy Policy，2013（55）：251-260.

[55] 李惠娟，龙如银. 资源型城市环境库兹涅茨曲线研究——基于面板数据的实证分析 [J]. 自然资源学报，2013，28（1）：19-27.

[56] 程琳琳，李继欣，娄尚，等. 矿产资源型城市矿业废弃地优化再利用对策：以北京市门头沟区为例 [J]. 中国矿业，2013，22（1）：69-71.

[57] A Vaidya，A.l. Mayer. Use of The Participatory Approach To Develop Sustainability Assessments for Natural Resource Management [J]. Int. J. Sustain. Dev. World Ecol，2014，21（4）：369-379.

[58] N Schwarz. Urban Form Revisited—Selecting Indicators for Characterising European Cities [J]. Landscape and Urban Planning，2010，96（1）：29-47.

[59] 杰克·埃亨，张英杰. 可持续性与城市：一种景观规划的方法 [J]. 中国园林，2011（3）：62-68.

[60] 王如松，李锋，韩宝龙，等. 城市复合生态及生态空间管理 [J]. 生态学报，2014，34（1）：1-11.

[61] 智静，高吉喜. 中国城乡居民食品消费碳排放对比分析 [J]. 地理科学进展，2009（3）：429-434.

[62] 方创琳，宋吉涛，张蔷，等. 中国城市群结构体系的组成与空间分异格局 [J]. 地理学报，2005，60（5）.

[63] 杨志峰,胡廷兰,苏美蓉. 基于生态承载力的城市生态调控. 生态学报,2007(8).

[64] 赵卫，刘景双，孔凡娥. 辽河流域水环境承载力的仿真模拟 [J]. 中国科学院研究生院学报，2008，25（6）：738-747.

[65] S t.a. Pickett，M.l. Cadenasso. Advancing Urban Ecological Studies：Frameworks，Concepts，And Results From The Baltimore Ecosystem Study [J]. Austral Ecology，2006，31（2）：114-125.

[66] 樊杰. 人地系统可持续过程、格局的前沿探索 [J]. 地理学报，2014，69（8）：1060-1068.

[67] 郑华，李屹峰，欧阳志云，等. 生态系统服务功能管理研究进展 [J]. 生态学报，2013，33（3）：702-710.

[68] 张舟，吴次芳，谭荣. 生态系统服务价值在土地利用变化研究中的应用：瓶颈和展望 [J]. 应用生态学报，2013，24（2）：556-562.

[69] J Wu. Urban Ecology and Sustainability：The State-Of-The-Science and Future Directions [J]. Landscape and Urban Planning，2014（125）：209-221.

[70] J Boyd，S. Banzhaf. What Are Ecosystem Services? The Need for Standardized Environmental Accounting Units [J]. Ecological Economics，2007，63（2）：616-626.

[71] M Ma，Z. Lu，Y. Sun. Population Growth，Urban Sprawl and Landscape Integrity of Beijing City [J]. International Journal of Sustainable Development & World Ecology，2008，15（4）：326-330.

[72] B Fisher，R.k. Turner，P. Morling. Defining and Classifying Ecosystem Services for Decision Making [J]. Ecological Economics，2009，68（3）：643-653.

[73] O Bastian，D. Haase，K. Grunewald. Ecosystem Properties，Potentials and Services—The Epps Conceptual Framework and an Urban Application Example [J]. Ecological Indicators，2012（21）：7-16.

[74] C g. Boone，E. Cook，S.j. Hall，et Al. A Comparative Gradient Approach as A Tool for Understanding and Managing Urban Ecosystems [J]. Urban Ecosystems，2012，15（4）：795-807.

[75] T Lakes，H.-O. Kim. The Urban Environmental Indicator "Biotope Area Ratio"—An Enhanced Approach To Assess and Manage The Urban Ecosystem Services Using High Resolution Remote-Sensing [J]. Ecological Indicators，2012，13（1）：93-103.

[76] H Ernstson，S. Sörlin. Ecosystem Services as Technology of Globalization：On Articulating Values in Urban Nature [J]. Ecological Economics，2013（86）：274-284.

[77] E Gómez-Baggethun，D.n. Barton. Classifying and Valuing Ecosystem Services for Urban Planning [J]. Ecological Economics，2013（86）：235-245.

[78] A Grêt-Regamey，E. Celio，T.m. Klein，Et Al. Understanding Ecosystem Services Trade-Offs With Interactive Procedural Modeling for Sustainable Urban Planning [J]. Landscape and Urban Planning，2013，109（1）：107-116.

[79] K g. Radford，P. James. Changes in The Value of Ecosystem Services Along A Rural–Urban Gradient：A Case Study of Greater Manchester，Uk [J]. Landscape and Urban Planning，2013，109（1）：117-127.

[80] 吕一河，马志敏，傅伯杰，等. 生态系统服务多样性与景观多功能性——从科学理念到综合评估 [J]. 生态学报，2013，33（4）：1153-1159.

[81] 肖强，肖洋，欧阳志云，等. 重庆市森林生态系统服务功能价值评估 [J]. 生态学报，2014，34（1）：216-223.

[82] 欧阳志云, 朱春全, 杨广斌, 等. 生态系统生产总值核算: 概念、核算方法与案例研究 [J]. 生态学报, 2013, 33 (21): 6747-6761.

[83] 李琰, 李双成, 高阳, 等. 连接多层次人类福祉的生态系统服务分类框架 [J]. 地理学报, 2013, 68 (8): 1038-1047.

[84] 冯伟林, 李树茁, 李聪. 生态系统服务与人类福祉——文献综述与分析框架 [J]. 资源科学, 2013, 35 (7): 1482-1489.

[85] 石惠春, 师晓娟, 刘鹿, 等. 兰州城市生态系统服务价值评估方法与结果比较 [J]. 中国人口·资源与环境, 2013, 23 (2): 30-35.

[86] 陈利顶, 李秀珍, 傅伯杰, 等. 中国景观生态学发展历程与未来研究重点 [J]. 生态学报, 2014, 34 (12): 3129-3141.

[87] P Bolund, S. Hunhammar. Ecosystem Services in Urban Areas [J]. Ecological Economics, 1999, 29 (2): 293-301.

[88] J Breuste, S. Qureshi. Urban Sustainability, Urban Ecology and The Society for Urban Ecology (Sure) [J]. Urban Ecosystems, 2011, 14 (3): 313-317.

[89] C e. Ramalho, R.j. Hobbs. Time for A Change: Dynamic Urban Ecology [J]. Trends in Ecology & Evolution, 2012, 27 (3): 179-188.

[90] R Costanza, R. De Groot, P. Sutton, Et Al. Changes in The Global Value of Ecosystem Services [J]. Global Environmental Change, 2014 (26): 152-158.

[91] R Costanza, R. D'arge, R. De Groot, Et Al. The Value of The World's Ecosystem Services and Natural Capital [J]. Ecological Economics, 1998, 25 (1): 3-15.

[92] G Daily. Nature's Services: Societal Dependence on Natural Ecosystems [M]. Nature's Services: Societal Dependence on Natural Ecosystems, Island Press, 1997.

[93] K Arrow, B. Bolin, R. Costanza, Et Al. Economic Growth, Carrying Capacity, And The Environment [J]. Ecological Economics, 1995, 15 (2): 91-95.

[94] 杨志峰, 隋欣. 基于生态系统健康的生态承载力评价 [J]. 环境科学学报, 2005, 25 (5): 586-594.

[95] M Wackernagel, L. Onisto, P. Bello, Et Al. National Natural Capital Accounting With The Ecological Footprint Concept [J]. Ecological Economics, 1999, 29 (3): 375-390.

[96] J Ferng, A.d. Price. An Exploration of The Synergies Between Six Sigma, Total Quality Management, Lean Construction and Sustainable Construction [J]. International Journal of Six Sigma and Competitive Advantage, 2005, 1 (2): 167-187.

[97] M w. Karaman, S. Herrgard, D.k. Treiber, Et Al. A Quantitative Analysis of Kinase Inhibitor Selectivity [J]. Nature Biotechnology, 2008, 26 (1): 127-132.

[98] 徐中民, 张志强, 程国栋. 中, 1999 年生态足迹计算与发展能力分析 [J]. 应用生态学报, 2003, 14 (2): 280-285.

[99] 常志华, 陆兆华. 台州市城市生态足迹 [J]. 生态学杂志, 2007, 26 (1): 83-87.

[100] H t. Odum. Environmental Accounting [M]. Environmental Accounting, Wiley, 1996.

[101] H Haberl, M. Wackernagel, T. Wrbka. Land Use and Sustainability Indicators: An Introduction [J]. Land Use Policy, 2004, 21（3）: 193-198.

[102] J Siche, F. Agostinho, E. Ortega, Et Al. Sustainability of Nations By Indices: Comparative Study Between Environmental Sustainability Index, Ecological Footprint and The Emergy Performance Indices [J]. Ecological Economics, 2008, 66（4）: 628-637.

[103] 王家骥, 姚小红. 黑河流域生态承载力估测 [J]. 环境科学研究, 2000, 13（2）: 44-48.

[104] 毛汉英, 余丹林. 环渤海地区区域承载力研究 [J]. 地理学报, 2001, 56（3）: 363-371.

[105] 徐琳瑜, 杨志峰, 李巍. 城市生态系统承载力理论与评价方法 [J]. 生态学报, 2005, 4.

[106] M l. Graymore, N.g. Sipe, R.e. Rickson. Sustaining Human Carrying Capacity: A Tool for Regional Sustainability Assessment [J]. Ecological Economics, 2010, 69（3）: 459-468.

[107] 中国矿业报报社. 资源型城市可持续发展的"行动指南"——解读全国资源型城市可持续发展规划（2013~2020 年）[J]. 国土资源, 2014（1）: 3.

[108] C c. Williams, A.c. Millington. The Diverse and Contested Meanings of Sustainable Development [J]. Geographical Journal, 2004（170）: 99-104.

[109] J a. Richards. Remote Sensing Digital Image Analysis: An Introduction [J]. Remote Sensing Digital Image Analysis: An Introduction, 2005.

[110] F a. Kruse, A.b. Lefkoff, J.w. Boardman, Et Al. The Spectral Image Processing System（Sips）—Interactive Visualization and Analysis of Imaging Spectrometer Data [J]. Earth and Space Science Information System, 1993, 44（93）: 145–163.

[111] Y Du, C. Chang, H. Ren, Et Al. New Hyperspectral Discrimination Measure for Spectral Characterization [J]. Opt. Eng, 2004（8）: 1777-1786.

[112] A Mazer, M. Martin, M. Lee, Et Al. Image Processing Software for Imaging Spectrometry Data Analysis [J]. Remote Sensing of Environment, 1988, 24（1）: 201–210.

[113] J t. Tou, R.c. Gonzalez. Pattern Recognition Principles [J]. Addison-Wesley Publishing Co., Reading, Mass.-London-Amsterdam, 1974.

[114] 李伟峰, 欧阳志云, 肖燚. 景观生态学原理在城市土地利用分类中的应用 [J]. 生态学报, 2011（31）: 593-601.

[115] J Gutiérrez Angonese, H.r. Grau. Assessment of Swaps and Persistence in Land Cover Changes in A Subtropical Periurban Region, Nw Argentina [J]. Landscape and Urban Planning, 2014（127）: 83-93.

[116] 黄焕春，运迎霞，苗展堂，等. 城市扩展影响下生态系统服务的多情景模拟和预测——以天津市滨海地区为例 [J]. 应用生态学报，2013，24（3）：697-704.

[117] 石福习，宋长春，赵成章，等. 河西走廊山地—绿洲—荒漠复合农田生态系统服务价值变化及其影响因子 [J]. 中国沙漠，2013，33（5）：1598-1604.

[118] 梁友嘉，徐中民，钟方雷，等. 基于 Lucc 的生态系统服务空间化研究——以张掖市甘州区为例 [J]. 生态学报，2013，33（15）：4758-4766.

[119] 王飞，高建恩，邵辉，等. 基于 Gis 的黄土高原生态系统服务价值对土地利用变化的响应及生态补偿 [J]. 中国水土保持科学，2013，11（1）：25-31.

[120] 马程，李双成，刘金龙，等. 基于 Sofm 网络的京津冀地区生态系统服务分区 [J]. 地理科学进展，2013，32（9）：1383-1393.

[121] H Serret, R. Raymond, J.-C. Foltête, et al. Potential Contributions of Green Spaces At Business Sites To The Ecological Network in an Urban Agglomeration：The Case of The Ile-De-France Region，France [J]. Landscape and Urban Planning，2014（131）：27-35.